Gertraud Zimmermann

# Freies Arbeiten in der Sekundarstufe

## Materialien Deutsch

Kopiervorlagen

### Auer Verlag GmbH

Gedruckt auf umweltbewusst gefertigtem, chlorfrei gebleichtem
und alterungsbeständigem Papier.


1. Auflage. 1997
Nach der Neuregelung der deutschen Rechtschreibung
© by Auer Verlag GmbH, Donauwörth. 1997
Alle Rechte vorbehalten
Gesamtherstellung: Ludwig Auer GmbH, Donauwörth
ISBN 3-403-02723-6

# Inhalt

# Vorwort

Freies Arbeiten erlaubt als eine freiere Organisationsform des Lernens höhere Motivation und in stärkerem Maß selbst verantwortetes Lernen als der herkömmliche Klassenunterricht. Es handelt sich also keineswegs um ziel- oder planlose Aktivitäten, mit denen lediglich die Zeit ausgefüllt wird, sondern um fächer- und materialgebundenes Arbeiten. Die Betonung liegt durchaus auf dem Begriff *Arbeit.*

Durch selbständiges, frei gewähltes Abwechseln von Arbeitstechnik, Arbeitsinhalt, Arbeitsform, Lernstrategie etc. wird „spielend" erreicht, dass mehr Kinder über einen längeren Zeitraum hin konzentriert bei der Sache bleiben als in vielen Stunden, in denen im Klassenverband gearbeitet wird.

Die im Folgenden vorgestellten Kopiervorlagen dürften auch Skeptiker davon überzeugen, wie einfach Freiarbeitsmaterialien herzustellen sind. Die Fülle der beschriebenen Spiele sollte es ermöglichen, für die unterschiedlichsten Klassensituationen geeignete Spiele zu finden.

Ich hoffe, mit dieser Sammlung möglichst vielen Kolleginnen und Kollegen den Start in der Praxis schmackhaft machen zu können. Meist stellen sich mit zunehmender Erfahrung sowieso mehr neue Ideen ein als man Zeit hat, diese zu verwirklichen.

## Wahre Begebenheiten aus dem Schulleben

Als eines Tages meine Schüler in nettester Form bettelten, außerplanmäßig Freiarbeit machen zu dürfen, ließ ich mich nach einiger Zeit erweichen, forderte aber, dass sie sich überlegen sollten, warum nicht nur sie, sondern auch ich diese Form des Unterrichts genoss. Die von mir erwartete Antwort, dass ich zu dieser Zeit „nichts" tun müsse, blieb aus. Viele Schüler meldeten sich eifrig. Ich wählte absichtlich einen Schüler aus, der erfahrungsgemäß keine „lehrerfreundlichen" Antworten gab. Seine Antwort „weil Sie sich freuen, wenn wir gern lernen", überraschte mich deshalb um so mehr.

Immer, wenn ich neue Spiele hergestellt hatte, präsentierte ich sie für alle Schüler sichtbar auf meinem Pult. Bei der ersten Gelegenheit kamen interessierte Schüler, um sich am erweiterten Angebot zu bedienen. Voller Freude bot ich ihnen eines Tages die ersten gekauften Spiele an.

Sofort wurden sie von einigen Schülern beschlagnahmt; doch schon nach wenigen Minuten legten sie die Spiele stillschweigend ans Pult zurück. Da dies außergewöhnlich war, fragte ich sie nach dem Grund: „Die gefallen uns nicht! *Unsere* Spiele sind viel schöner!" Dass sie das Wort „uns" so betonten, freute mich besonders, da es ausdrückte, dass sie sich mit den von mir bzw. gemeinsam hergestellten Spielen identifizierten.

Großen Kummer bereitet wohl jedem Lehrer, dass seine Schüler das Einmaleins, ob groß oder klein, nicht beherrschen. Aus diesem Grund bastelte ich kurzerhand ein dazu passendes Würfelspiel, das Igelspiel. Jeden Tag war dieses Spiel im „Einsatz". Während einer Freiarbeitsstunde verfolgte ich den Spielverlauf einer Gruppe, die sich gerade dieses Spiel geholt hatte. Plötzlich wurde es etwas lauter. Ein Spieler, der Mathematik nicht gerade zu seinen Lieblingsfächern zählte, forderte seinen Mitschüler, der voreilig gewürfelt hatte, mit Nachdruck auf: „Warte doch, ich darf erst noch rechnen!"

# I Einführung

## 1 Notwendigkeit einer Veränderung des herkömmlichen Unterrichts

Die Veränderung der Lebensbedingungen in unserer (Leistungs-)Gesellschaft, neue Anforderungen an die Bildungspolitik, die wieder zunehmende Offenheit gegenüber neuen Unterrichtsformen und nicht zuletzt die neuen Hauptschullehrpläne in Bayern und Baden-Württemberg stellen Lehrerinnen und Lehrer vor die Aufgabe, ihren Unterricht neu/anders zu organisieren.

Viele pädagogisch-didaktische, aber auch disziplinäre Probleme müssen tagtäglich bewältigt werden. Natürlich kann im erzieherischen Bereich kein „Patentrezept" angeboten werden; jede Lehrkraft muss dazu ihren persönlichen Weg finden. Wenn man bereit ist, seinen Unterricht zu öffnen, ergeben sich für jeden Lehrertyp individuelle Möglichkeiten der Umsetzung. Wichtig für eine solche Entscheidung ist, dass man sich bewusst für eine der vielen Unterrichtsformen schwerpunktmäßig entscheidet, abhängig von der Persönlichkeit des Lehrers und der ihm anvertrauten Schüler.

Offener Unterricht wendet sich gegen einen einseitig kognitiven Unterricht, gegen die Gängelung von Lehrern und Schülern, gegen das reine Rezipieren und gegen einen ausschließlich lehrerzentrierten Unterricht; offener Unterricht eröffnet vielmehr Möglichkeiten, das oberste Erziehungsziel, die Erziehung zum mündigen Menschen, zu erreichen: Es stärkt die Fähigkeit individuellen Lernens, um den unterschiedlichen Begabungen der Schülerinnen und Schüler gerecht zu werden, motiviert zu überdauernder Lernbereitschaft und fördert durch den Einsatz von verschiedenen Sozialformen sowohl selbständiges Arbeiten als auch die besonders von der Wirtschaft geforderte effektive Teamarbeit.

## 2 Materialgeleitetes Lernen – eine Form des offenen Unterrichts

Mein Weg, den Unterricht zu öffnen, ist die Praxis der materialgeleiteten Freiarbeit. Vorteile sehe ich vor allem darin, dass ich meine Schüler damit weder über- noch unterfordere, dass die eigentliche „Freiheit" durch das Bereitstellen der Materialien von mir bestimmt oder zumindest eingeschränkt werden kann und dass ich vor allem bei der Übungsarbeit auf die individuellen Bedürfnisse der Schüler reagieren kann.

Gute Freiarbeitsmaterialien haben Aufforderungscharakter und werden von den Schülern freiwillig und gern angenommen. Die oft mühsame Übungsphase wird durch unterschiedliche „Spielformen" und Sozialformen interessant und die ständige Motivation durch den Lehrer erübrigt sich. Da viele der Arbeitsmaterialien auch Hilfestellungen und kindgemäße Lösungswege bieten, kann sich ein „guter" Schüler für ein evtl. kommendes Lernziel vorbereiten bzw. es selbständig erarbeiten.

Materialgeleitete Freiarbeit darf jedoch nicht mit „Stillarbeit" verwechselt werden. Bei der Freiarbeit wählt der Schüler nach seinen Lernbedürfnissen ein geeignetes Material aus und kontrolliert es meist selbständig oder auch mit Hilfe eines Partners. Der Schüler bestimmt also selbst über Ziele und Inhalte seines Lernens, über die Zahl der Wiederholungen, über sein Arbeitstempo, seine Pausen und die Beendigung der Arbeit; der Lehrer hat nur beratende und nach Bedarf helfende Funktion.

Voraussetzung für diese Art von Freiarbeit ist, dass Schüler bestimmte Arbeitstechniken und Sozialformen bereits beherrschen und dass das angebotene Arbeitsmaterial bestimmten Anforderungen entspricht.

## 3 Anforderungen an gute Arbeitsmaterialien

- Die Arbeitsmittel müssen ansprechend sein und Aufforderungscharakter haben.
- Ohne weitere Anweisung muss sich ein Schüler mit diesem Material beschäftigen können.
- Lernspiele sollten abwechslungsreich, vielfältig sein und unterschiedliche Sinne ansprechen.
- Sie sollten Möglichkeiten bieten, versäumten Stoff eigenständig nachzuholen, aufzufrischen bzw. entdeckendes, forschendes Lernen ermöglichen.
- Das Material sollte einen gewissen Grad an Selbständigkeit verlangen und diese weiter fördern.
- Lernmaterialien sollten selbständiges Arbeiten ermöglichen (Spielregeln ändern, selbst ausdenken, Spiel erweitern, ...).
- Sie sollten die Schüler zu ernsthafter Arbeit motivieren.
- Sie müssen sich an den Forderungen des Lehrplans orientieren.

- Sie müssen eine (Eigen-)Kontrolle und auch Zwischenkontrolle ermöglichen.
- Sie sollten hohen Aufforderungscharakter haben (Material, Verarbeitung, Farbe, ...); sie sollten zum „Hantieren" auffordern.
- Sie sollten lange haltbar sein (mit Folie überziehen, wasserfeste Stifte, ...).
- Sie sollten übersichtlich verpackt sein, von außen erkennen lassen, was sich darin befindet.
- Besonders schwierige/leichte Aufgaben sollten für den Schüler erkennbar sein (um Über- oder Unterforderung zu vermeiden).
- Sie sollten verschiedene Arbeitstechniken/Arbeitsweisen erforderlich machen (Duden, Geometriedreieck, ...zuordnen, abschreiben, lesen, ausschneiden, zeichnen, ...), (Vielfältigkeit).
- Sie sollten unterschiedliche Arbeitsweisen/Sozialformen ermöglichen (Eigen-, Partner-, Gruppenarbeit).
- Aufgaben und Fragestellungen müssen eindeutig und klar verständlich sein.
- Sie sollten, wenn nötig, auf „Hilfen" hinweisen (Hilfekarten mit Beispielen, Mathe-, Rechtschreib- oder Trennungsregeln, ...).
- Sie sollten auch der Interessenslage der Kinder entsprechen.
- Sie müssen so untergebracht, ausgelegt und angeordnet sein, dass die Kinder sie bequem überschauen und erreichen können.

# 4 Persönliche Erfahrungen mit Freiarbeit

Aus persönlicher Erfahrung kann ich sagen, dass ein höheres Maß an Eigenverantwortung bei manchen Schülern ungeahnte Möglichkeiten aufbrechen lässt. Nach einem aufreibenden 7. Schuljahr in einer sehr schwierigen Klasse stürzte ich mich mit den Schülern im 8. Schuljahr in das Abenteuer „Freiarbeit".

Was mir und meinen Kollegen im übrigen Unterricht kaum gelungen war, erreichte ich schon nach kurzer Zeit im Rahmen der Freiarbeit: Wiederholung des Grundwortschatzes, der Einmaleinsrechnungen, des Bruchrechnens, des gelernten Sachstoffes. Aufsätze etc. wurden bereits nach kurzer Zeit freiwillig, ohne Murren, sogar mit Freude geübt. Auch in sogenannten Freistunden baten mich die Schüler, mit diesem Material arbeiten zu dürfen. Die Lernerfolge blieben nicht aus: größere Selbständigkeit in der Gestaltung der Hefteinträge, Verstehen der Arbeitsaufträge und deren selbständige Durchführung, genaueres Lesen der Fragen bei Probearbeiten. Eine deutliche Verbesserung des Klimas, größere Hilfsbereitschaft untereinander, das aufkommende Gefühl einer Klassengemeinschaft und eindeutig messbare Leistungssteigerungen, z. B. bei genormten Probediktaten, überzeugten Kollegen, Eltern und die Schulaufsichtsbehörde. Nicht zu übersehen war die gewachsene Begeisterung der Schüler bei der Arbeit.

Vielleicht spürten die Schüler auch, dass ich in diesem Bereich keine benotbare Leistung von ihnen erwartete, sondern bereits kleine Fortschritte würdigte. Deshalb waren sie bereit, nach und nach mehr von sich selbst zu fordern – d. h. genau so viel, wie sie gerade zu leisten in der Lage waren. Weder Über- noch Unterforderung hemmte ihre Lernerfolge.

# II Freies Arbeiten in der Praxis

## 1 Einsatz im Unterricht

Nach einigen Jahren praktizierter Freiarbeit habe ich festgestellt, dass sich Schüler vor allem im Übungs- und Festigungsbereich und zur Wiederholung für Schulaufgaben besonders gern mit Freiarbeitsmaterialien beschäftigten. Unterrichtsbegleitende Materialien liegen für alle Schüler sichtbar in einem bestimmten Regal bereit und werden bevorzugt von ihnen ausgewählt. Bei von mir festgestellten „Schwächen" der Schüler gebe ich auf einer schriftlichen Arbeit Hinweise auf bestimmte Lernmaterialien, ihre Bearbeitung ist allerdings (im Normalfall) freiwillig.

Pro Woche werden den Schülern regelmäßig 3 bis 4 Unterrichtsstunden für Freiarbeit zur Verfügung gestellt, die Planung dafür unterliegt jedem in eigener Verantwortung. Eine direkte Kontrolle über die erbrachte Leistung ist nur bei ganz wenigen Schülern erforderlich. Allerdings führen Lob, Ermunterung und Interesse seitens des Lehrers (ohne Notengebung) manche Schüler zu ungeahnter Leistungsbereitschaft und erfreulichen Erfolgserlebnissen.

## 2 Tipps zur Herstellung von Freiarbeitsmaterialien

Jedes Spiel sollte schülergerecht gestaltet und verpackt werden. In der Praxis heißt das, dass man Spiele in ansprechenden Farben, mit unterschiedlichem Material und mit unterschiedlichen Arbeitstechniken herstellt. Vielleicht lässt sich der eine oder andere Schüler dadurch verleiten, auch sonst gemiedene Lernangebote einmal in die Hand zu nehmen. Vielleicht, um festzustellen, dass das Fach XY gar nicht so schwer ist, auch Spaß machen kann. Angeborene Entdeckerfreude wird ebenso angesprochen. Damit die Spiele, die den Lehrer doch einige Mühe und auch Geld kosten, nicht nur für kurze Zeit erhalten bleiben, schützt man solche Spiele aus Plakatkarton mit einer selbst klebenden Folie. Bei strapazierfähigen Materialien wie Holz, Plastik und Fliesen erübrigt sich dieser Aufwand. Ebenso sollte man die zusätzliche Arbeit einer übersichtlichen Katalogisierung der Materialien auf sich nehmen, weil sich im Laufe der Zeit eine Menge Spiele ansammeln. In der Praxis haben sich Abkürzungen für das Fach und dazu laufende Nummern bewährt (RS 15: Rechtschreibspiel Nummer 15).

Nicht zu vergessen ist die Verpackung der Spiele. Karton, Hülle etc. sollten stabil sein und von außen schon erkennen lassen, was sich darin befindet (z. B.: M 12 Quartett zum Runden von Zahlen). Im Sinne des „Recycling" lassen sich viele Dinge aus unserer „Wegwerfgesellschaft" wieder verwenden. So finden Zigarrenkisten, Pralinenschachteln aus Plastik und Karton, stabile Käseschachteln, Zigarilloschachteln aus Blech, Kaffeedosen usw., auch Plastikverschlüsse, Korken, Knöpfe, Stecknadeln etc. weitere sinnvolle Verwendungsmöglichkeiten. Im Laufe der Zeit wird der Blick eines „Freiarbeitslehrers" für geeignetes Material geschult. Verwandte, Bekannte, Nachbarn und auch die Schüler unterstützen diesen „Sammlertrieb" und sind gern bereit, ihren Beitrag dazu zu leisten. Selbstverständlich halten einige Verlage inzwischen auch ein reichhaltiges Angebot an Roh-, Halbfertig- und Fertigmaterialien bereit. Je nach Großzügigkeit des Rektors, des Schulverbandes oder auch der Eltern kann der persönliche Geldbeutel des Lehrers geschont werden. Wichtig dabei ist, die oben genannten Personen von dieser Sache zu überzeugen und auch deren Begeisterung dafür zu wecken.

Wer mit der Freiarbeit beginnen will, sollte zunächst einmal sein bereits vorhandenes Material unter die Lupe nehmen. Vieles ist bestimmt aus früheren Differenzierungen vorhanden und kann ohne größeren Aufwand eine Zeit lang gute Dienste leisten. Auch der Fundus der Schulen ist voller Überraschungen, Anschauungsmodelle, Sandkasten, Hörbeispiele, Deck-Foliensätze müssen nur noch mit Arbeitsanregungen oder Anleitungen versehen werden.

## 3 Regeln für die Freiarbeit

Erklingt die „Freiarbeitsmusik" – z. B. eine beruhigende Panflötenmelodie – holen sich die Schüler das geplante Arbeitsmaterial und beginnen ohne weitere Anweisung mit ihrer Arbeit. Gegen Ende der Freiarbeitszeit hören die Kinder wieder ein bekanntes Lied und wissen in etwa, wie lange sie noch Zeit haben, das „Spiel" zu beenden und vollständig an seinen Platz im Regal zurückzubringen.

Notwendige Arbeitstechniken, die in den Spielen gebraucht werden und auch unterrichtsbegleitend nötig sind (Umgang mit Nachschlagewerken, Atlas, Zirkel, Lineal, … Partner- und Gruppenarbeit …), müssen für jeden Schüler klar sein. Arbeitsanweisungen sollten genau und kindgerecht formuliert, die Notwendigkeit von Ordnung und Sorgfalt vorweg einsichtig gemacht werden.

Haben die Schüler einmal selbst im Rahmen der Freiarbeit ein Spiel hergestellt, schätzen sie das Angebot des Lehrers um so mehr und sind von sich aus bereit, allgemeine Regeln zu akzeptieren. Sorgfältiger Umgang mit dem Material, Vollständigkeit bei der Rückgabe, Ordnung im Regal, möglichst leises Arbeiten, um andere nicht zu stören, sind Beispiele dafür. Unterstützt werden kann die „Erinnerung" durch Aushang von Regeln im Klassenzimmer. Klappt es einmal nicht so gut, genügt meist ein Blick auf die entsprechende Regel. Oft ist es allerdings die Begeisterung an der Sache, die den Geräuschpegel höher steigen lässt als es vom Lehrer als vorteilhaft angesehen und auch von einigen Schülern gewünscht wird.

# 4 Unterschiedliche Formen für Arbeitsmaterialien

## 4.1 Domino

Immer einsetzbar, wenn 2 zusammengehören.

*Spielanleitung:*

Alle Dominosteine werden gemischt und ausgeteilt. Mit dem Stein, der übrig bleibt, wird das Spiel begonnen. Man darf auf beiden Seiten anlegen. Je eine linke und eine rechte gehören zusammen. Es wird eine Kette gebildet, bis kein Stein mehr übrig bleibt. Jeweils der Spieler mit dem richtigen Stein darf anlegen. Die Mitspieler achten auf die Richtigkeit.
Wer seine Steine am schnellsten „losgeworden" ist, ist Sieger. – Jeweils die Gruppe, die die Kette am schnellsten fertig gestellt hat, ist Sieger.
Wenn es mehrere Möglichkeiten der Lösung gibt: Jeder Spieler erhält nun eine bestimmte Anzahl von Steinen, die restlichen verbleiben verdeckt in der „Bank". Nun darf jeder der Reihe nach nur einen Stein anlegen. Hat er keinen passenden, nimmt er sich einen verdeckten aus der „Bank". Wer hat all seine Steine als Erster angelegt?
Wenn ein Kind allein spielen will, versucht es, alle Steine in individuellem Arbeitstempo aneinander zu legen.

*Zusatz:*

Kinder erfinden auch gern selbst Dominos, wenn ihnen „Inhalt" und Prinzip des Dominos geläufig sind.

*Kontrollmöglichkeit:*

- Beim Reihendomino passt der letzte Stein zum ersten Stein.
- Zusätzlich kann auf der Rückseite ein Kontrollsatz/Buchstaben (für ein Wort), Farbpunkte etc. die Kontrolle ermöglichen.
- Ein Kontrollblatt mit den Lösungen (für Notfälle).

## 4.2 Memory = ein Gedächtnisspiel

Immer einsetzbar, wenn 2 zusammengehören (ähnlich wie beim Domino). Die Schüler brauchen allerdings mehr Konzentration.

*Spielanleitung:*

Verteile alle Memory-Karten mit der Schrift nach unten auf dem Tisch. Nun decke das erste Kärtchen auf, lies es halb laut vor, decke nun das zweite Kärtchen deiner Wahl auf, lies auch dies vor. Vergleiche nun anschließend, ob die beiden Kärtchen zusammengehören. Ist dies der Fall, darfst du beide Kärtchen wegnehmen und zwei weitere Kärtchen aufdecken. Passen sie allerdings nicht zusammen, musst du beide Kärtchen wieder umdrehen und dein Mitspieler ist nun dran.
Gewonnen hat am Ende, wer die meisten „Paare" gesammelt hat.
Du kannst die Spielsteine auch allein als Zuordnungsspiel verwenden: Lege alle Kärtchen offen auf und ordne die entsprechenden Kartenpärchen zu.

*Kontrollmöglichkeit:*

- Durch Mitschüler.
- Zum Schluss dürfen keine Plättchen mehr übrig bleiben.
- Durch ein zusätzliches Lösungsblatt (für Notfälle).

## 4.3 Karten

### 4.3.1 Terzett/Quartett

Alle zusammengehörigen Karten werden mit gleichen, kleinen Symbolen versehen.

*Spielanleitung:*

Die Karten werden gemischt und gleichmäßig auf alle Mitspieler verteilt. Am Anfang legt jeder Mitspieler alle möglichen „Terzette"/„Quartette" ab – also alle 3 bzw. 4 zusammenpassenden Karten. Anschließend zieht ein Spieler vom „Hintermann" eine Karte. Kann er ein Terzett/Quartett vervollständigen, darf er diese wiederum ablegen. So wird reihum verfahren.
Wer am Schluss die meisten Terzette/Quartette abgelegt hat, ist Sieger.

*Zusatz:*

Noch spannender kann man dieses Spiel gestalten, wenn man in Anlehnung an den „Schwarzen Peter" eine lustige Einzelkarte herstellt und zum Spiel mischt. Wer am Schluss den „Schwarzen Peter" in der Hand hält, hat verloren.

### 4.3.2 Wendekarten

Diese Art von Aufgabenkarten hat den Vorteil, dass beide Seiten der Karten sowohl als Aufgabe als auch als Lösung verwendet werden (in der Frage auf der

Vorderseite ist die Antwort der Frage auf der Rückseite enthalten und umgekehrt). Mühsames Gestalten und Überziehen von Karten reduziert sich damit auf die Hälfte.

Auch diese Karten sind als Wiederholung für den Stoff von Sachfächern oder als Aufgabenkarten für einen Spielplan zu verwenden.

Mit den Karten kann auch allein gespielt werden. Der Vorteil gegenüber dem Buch oder Arbeitsblättern liegt darin, dass sich die Reihenfolge der Aufgabenstellungen ständig ändert, die Schüler sich nicht an die berühmte „Stelle im Buch" erinnern (allerdings auch nicht an ihren Inhalt) und dass bei richtiger Benutzung nur „nicht Gewusstes" wiederholt wird.

*Spielanleitung:*

Wenn *zwei* miteinander mit diesem Spiel umgehen, setzen sie sich gegenüber. So liest jeder „seine" eigene Frage und hat zugleich die Lösung des Partners vor Augen. Wer seine Aufgabe zuerst gelöst hat, erhält als „Trophäe" die Karte.

Wer am Schluss des Spiels die meisten Karten besitzt, ist Sieger.

Für *einen* Spieler: Lege beim Bearbeiten die Aufgaben, die du richtig beantworten konntest, auf einen Stapel, diejenigen, die du nicht lösen konntest, auf einen anderen. Wenn du fertig bist, bearbeite den zweiten Stapel noch einmal. Verfahre damit ebenso, bis du die Lösung aller Karten kennst.

*Zusatz:*

Selbstverständlich können diese Wendekarten auch im Zusammenhang mit einem Spielplan eingesetzt werden. Voraussetzung dafür ist, dass sich die Schüler bereits einiges Wissen angeeignet haben und dieses im Wettbewerb mit anderen unter Beweis stellen wollen.

### 4.3.3 Zuordnung

*Spielanleitung:*

Alle Einzelteile liegen für die Schüler sichtbar auf. Reihum nimmt sich jeder Schüler 2 bzw. 3 Kärtchen, die zusammengehören. Diese wiederum sind auf der Rückseite gekennzeichnet. Ordnet ein Schüler falsche Kärtchen zu, kommt der nächste dran. Je mehr Kärtchen bereits weggenommen wurden, um so leichter wird die Aufgabe.

Sieger ist, wer am Ende des Spiels die meisten Kärtchen besitzt.

*Kontrollmöglichkeit:*

● Durch die Kennzeichnung auf der Rückseite der Kärtchen.
● Durch ein zusätzliches Lösungsblatt (für Notfälle).

### 4.3.4 Stöpselkarten

Diese Art von Lernmaterial eignet sich besonders für Einzelarbeit. Der Schüler löst gestellte Aufgaben und kann sie im nächsten Moment auf Richtigkeit überprüfen.

Stöpsel- und auch Klammerkarten basieren auf dem Multiple-Choice-Verfahren und werden immer dann eingesetzt, wenn die richtige Antwort aus mehreren herausgesucht werden kann. Besonders schwache Schüler schätzen dieses Arbeitsmaterial, da keiner merkt, wie viele Fehler sie gemacht haben und wie oft sie mit diesem Material arbeiten.

## 4.4 Würfelspiele

Würfelspiele sind bekannten Gesellschaftsspielen („Mensch ärgere dich nicht", „Monopoly", …) sehr ähnlich. Diese können auch mit etwas Fantasie abgewandelt und für die Schule verwendet werden.

Beim Würfelspiel reizt die Schüler besonders, dass nicht allein Wissen, sondern auch Glück beim Würfeln entscheidend für den Ausgang des Spieles sein kann. So können bei diesen Spielen auch die Schülerinnen und Schüler gewinnen, die leistungsmäßig schwächer sind.

Besonders geeignet sind Spielpläne, die mit verschiedenen Aufgabenstellungen einsetzbar sind. So sind die Schülerinnen und Schüler bald mit den Spielregeln vertraut und für den Lehrer verringert sich die Arbeit.

Ich unterscheide 2 Würfelspielarten:

● *Würfelspiele mit Spielplänen:*
  Hier könnten Aufgabenkarten einer Kartei verwendet werden.
● *Würfelspiele, bei denen die Würfel selbst ausschlaggebend für die Aufgabenstellung sind.*

# III Kopiervorlagen Materialien Deutsch

**1 Domino/Memory/Zuordnung/Wendekarten zu einem Spielplan (ab Klasse 8): Fremdwörter(auswahl)**

**1.1 Fremdwörter aus dem Biologieunterricht**

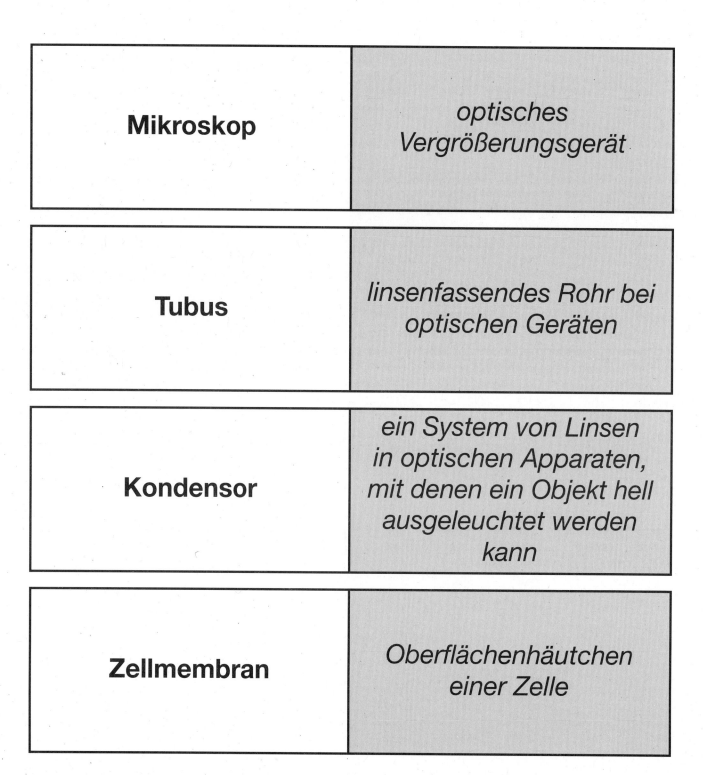

| Mikroskop | *optisches Vergrößerungsgerät* |
| --- | --- |
| **Tubus** | *linsenfassendes Rohr bei optischen Geräten* |
| **Kondensor** | *ein System von Linsen in optischen Apparaten, mit denen ein Objekt hell ausgeleuchtet werden kann* |
| **Zellmembran** | *Oberflächenhäutchen einer Zelle* |

| | |
|---|---|
| **Medikament** | *Arznei- und Heilmittel* |
| **Immunität** | *angeborene oder erworbene Unempfänglichkeit für Krankheitserreger* |
| **Quarantäne** | *räumliche Absonderung krankheitsverdächtiger Lebewesen, Schutzmaßnahme gegen Ausbreitung oder Verschleppung von Seuchen* |
| **Antibiotikum** | *biologischer Wirkstoff, der andere Mikroorganismen im Wachstum hemmt oder abtötet* |
| **Epidemie** | *zeitlich und örtlich in besonders starkem Maße auftretende Infektionskrankheit, Massenerkrankung* |

| | |
|---|---|
| **Symbionten** | *Bakterien, die nützliche Lebensgemeinschaften mit anderen Lebewesen bilden* |
| **Desinfektion** | *Abtötung von Erregern ansteckender Krankheiten z. B. mit Hilfe von Alkohol, Chlor, Jod ...* |
| **infektiös** | *ansteckend* |
| **Symbiose** | *Lebensgemeinschaft, Zusammenleben verschiedener Lebewesen zu gegenseitigem Nutzen* |
| **stationär** | *Behandlung, den Aufenthalt in einem Krankenhaus betreffend* |

| steril | unfruchtbar, keimfrei |
|---|---|
| Parasiten | Schmarotzer, Lebewesen, das auf Kosten eines anderen lebt, seinen Wirt schädigt und Krankheiten hervorrufen kann |
| Infektion | Ansteckung durch Krankheitserreger |
| ambulant | Behandlung ohne Krankenhausaufenthalt |
| Bakterie | einzelliges Kleinstlebewesen, oft Krankheitserreger |

| | |
|---|---|
| **Inkubationszeit** | *Zeitspanne zwischen Ansteckung und Ausbruch der Krankheit* |
| **Polio** | *Kinderlähmung* |
| **Tetanie** | *schmerzhafter Muskelkrampf* |
| **Infektion** | *das Eindringen von Krankheitserregern in den Körper und deren Vermehrung darin* |
| **immun** | *für Krankheiten unempfänglich, unempfindlich* |

| | |
|---|---|
| **Symptom** | *Krankheitszeichen für eine bestimmte Krankheit* |
| **Therapie** | *Behandlung einer Krankheit* |
| **Rezept** | *schriftliche Anweisung des Arztes an den Apotheker für die Abgabe von Heilmitteln* |
| **Immunisierung** | *Bildung von Antikörpern* |
| **Diagnose** | *Untersuchungsergebnis, Feststellen einer Krankheit* |

| | |
|---|---|
| **Operation** | *chirurgischer Eingriff* |
| **Medizin** | *Heilkunde, Wissenschaft von kranken und gesunden Lebewesen* |
| **Saprophyten** | *Fäulnis-, Verwesungs- und Gärungsbakterien* |

## 1.2 Fremdwörter aus dem Geschichtsunterricht

| | |
|---|---|
| **territorial** | *zu einem Gebiet gehörend, ein Gebiet betreffend* |
| **Reformation** | *durch Luther ausgelöste Bewegung zur Erneuerung der Kirche im 16. Jahrhundert, die zur Bildung der protestantischen Kirchen führte* |

| | |
|---|---|
| **Absolutismus** | *Regierungsform, in der alle Gewalt unumschränkt in der Hand des Monarchen liegt* |
| **Kongress** | *Zusammenkunft, größere fachliche oder politische Versammlung* |
| **Revolte** | *Aufruhr, Aufstand* |
| **Merkantilismus** | *Wirtschaftpolitik im Zeitalter des Absolutismus zur Vergrößerung des nationalen Reichtums und der Macht* |
| **konservativ** | *am Hergebrachten festhaltend, auf Überlieferung beharrend* |

| | |
|---|---|
| **Konflikt** | *Zusammenstoß, bewaffnete, militärische Auseinandersetzung zwischen Staaten, Zerwürfnis* |
| **Monarchie** | *Alleinherrschaft, Staatsform, in der die Staatsgewalt vom legitimen Monarchen ausgeübt wird* |
| **Revolution** | *Umsturz der bestehenden politischen und sozialen Ordnung* |
| **Depesche** | *veraltet: Telegramm, Funknachricht* |
| **Repressalie** | *Druckmittel, Vergeltungsmaßnahme* |

| | |
|---|---|
| **Konfrontation** | *Gegenüberstellung von einander widersprechenden Meinungen* |
| **Sezessionskrieg** | *der nordamerikanische Bürgerkrieg (1861–1865)* |
| **Industrialisierung** | *Rationalisierung von Arbeitsprozessen nach technischen und wirtschaftlichen Prinzipien* |
| **Barock** | *Kunststil von ca. 1600 bis 1750 in Europa, charakterisiert durch Formenreichtum und üppige Verzierungen* |
| **Monarch** | *legitimer Alleinherrscher* |

| | |
|---|---|
| **Resolution** | *Beschluss, Entschließung* |
| **Koalition** | *Vereinigung, Bündnis zwischen mehreren Parteien oder Staaten* |
| **Demokratie** | *Regierungssystem, in dem der Wille des Volkes ausschlaggebend ist* |
| **Rokoko** | *den Barock ablösender, zierlicher, leichter, spielerischer Kunststil (18. Jh.)* |
| **Kapitalist** | *Besitzer von viel Geld oder Werten* |

| | |
|---|---|
| **sozial** | die Gemeinschaft, Gesellschaft betreffend |
| **Reform** | *Erneuerung, Umgestaltung, Neuordnung* |
| **Nationalist** | *Mensch mit meist intolerantem übersteigertem Nationalbewusstsein* |
| **Kapitulation** | *Übergabe einer Truppe, einer Festung, resignierendes Nachgeben* |
| **Barrikade** | *Straßensperre zur Verteidigung besonders bei Straßenkämpfen* |

| | |
|---|---|
| **Militär** | *Wehrmacht des gesamten Heerwesens, eine Anzahl von Soldaten und Offizieren* |
| **Blockade** | *(militärische) Absperrung* |
| **Sezession** | *Absonderung, Trennung eines Gebietsteils eines Staates wider dessen Willen* |
| **Nation** | *Lebensgemeinschaft von Menschen mit dem Bewusstsein gleicher politisch-kultureller Vergangenheit und dem Willen zum Staat* |
| **Parlament** | *repräsentative Versammlung, Volksvertretung mit beratender oder gesetzgebender Funktion* |

| | |
|---|---|
| **Plantage** | *Pflanzung, landwirtschaftlicher Großbetrieb* |
| **Sklave** | *Leibeigener in völliger wirtschaftlicher und rechtlicher Abhängigkeit von einem anderen Menschen* |
| **Bolschewik** | *Mitglied der von Lenin geführten revolutionären Fraktion in der Sozialdemokratischen Arbeiterpartei Russlands vor 1917* |
| **Kolchosen** | *meist staatliche, genossenschaftliche Großbetriebe, fassen Ländereien der Kolchosebauern zum Zweck der besseren Bewirtschaftung zusammen* |
| **Sowchosen** | *staatlicher landwirtschaftlicher Großbetrieb in der Sowjetunion, riesige Staatsgüter* |

| | |
|---|---|
| **Republik** | *Staat, in dem mehrere nicht durch Erbfolge bestimmte Personen sich zu rechtlich umschriebenen Bedingungen die Staatsgewalt teilen* |
| **Proletarier** | *Angehöriger der wirtschaftlich abhängigen, besitzlosen Arbeiterklasse* |
| **Konzentrationslager** | *Internierungslager (staatlicher Gewahrsam in Lagern) für politisch, rassisch oder religiös Verfolgte* |
| **Boykott** | *Abbruch bestehender (wirtschaftlicher) Beziehungen, Weigerung, z. B. Waren zu kaufen* |
| **Antisemitismus** | *politische Bewegung mit ausgeprägten judenfeindlichen Tendenzen, Abneigung oder Feindschaft gegenüber Juden* |

| | |
|---|---|
| **Parole** | *Kennwort, Losung, Wahlspruch* |
| **Proklamation** | *amtliche Verkündung (z. B. einer Verfassung), Aufruf an die Bevölkerung* |
| **Offensive** | *planmäßiger (vorbereiteter) Angriff (einer Heeresgruppe)* |
| **Attentat** | *(Mord-)Anschlag auf einen politischen Gegner* |
| **Motiv** | *Beweggrund für eine Handlungsweise* |

| **Institution** | *Einrichtung zum Wohle des Einzelnen oder der Allgemeinheit* |
|---|---|
| **Fraktion** | *Gesamtheit der politischen Vertreter einer Partei im Parlament* |
| **Koalition** | *Vereinigung, Bündnis mehrerer Parteien oder Staaten zur Durchsetzung ihrer Ziele* |
| **Opposition** | *Widerstand, Gesamtheit der an der Regierung nicht beteiligten Parteien* |
| **Chancen** | *gute Aussichten, Möglichkeiten* |

| | |
|---|---|
| **Phase** | *Zustandsform, Stufe, Abschnitt einer Entwicklung* |
| **Regierung** | *Gesamtheit der Minister eines Landes oder Staates, Leitung der Staatsgeschäfte* |
| **Statistik** | *wissenschaftliche Methode zur zahlenmäßigen Erfassung, zahlenmäßig dargestelltes Ergebnis einer Untersuchung* |
| **Paragraph** | *in Gesetzesbüchern, wissenschaftlichen Werken u. a. fortlaufend nummerierter kleiner Abschnitt* |
| **Parlament** | *repräsentative Versammlung, Volksvertretung mit beratender oder gesetzgebender Funktion* |

| | |
|---|---|
| **Querulant** | *Störenfried, Unruhestifter* |
| **Aktion** | *planvolle Unternehmung, Maßnahme* |
| **Appell** | *Aufruf, Mahnruf zu einem bestimmten Verhalten* |
| **demonstrieren** | *seine Einstellung für oder gegen etwas in auffälliger Weise öffentlich zu erkennen geben* |
| **diskutieren** | *etwas eingehend mit anderen besprechen, erörtern, Meinungen austauschen* |

| | |
|---|---|
| **populär** | *gemeinverständlich, volkstümlich, allgemein bekannt* |
| **Diskussion** | *Erörterung, Aussprache, Meinungsaustausch* |
| **liberal** | *vorurteilslos, besonders in politischer und religiöser Beziehung, freiheitlich gesinnt* |
| **sozial** | *die menschliche Gesellschaft, Gemeinschaft betreffend, gemeinnützig, wohltätig, hilfsbereit* |
| **konservativ** | *am Hergebrachten festhaltend, auf Überlieferung beharrend, bewahrend* |

**2 Domino/Memory/Zuordnungsaufgabe:**
   **„Verrückte Tierwelt" – Was ist damit gemeint?**
   **Zusammengesetzte Namenwörter und ihre Bedeutung**

| | |
|---|---|
| **Baulöwe** | *ein großer Bauunternehmer* |
| **Brillenschlange** | *Schimpfwort für einen Brillenträger* |
| **Brummbär** | *ein griesgrämiger Nörgler* |
| **Bücherwurm** | *jemand, der gern liest* |
| **Dreckspatz** | *liebevolle Bezeichnung für ein schmutziges Kind* |

| | |
|---|---|
| **Glückskäfer** | *ein Insekt, das Glück bringt* |
| **Hausdrache** | *Schimpfwort für eine Ehefrau* |
| **Frechdachs** | *liebevolle Bezeichnung für ein freches Kind* |
| **Hornochse** | *jemand, der sich sehr dumm anstellt* |
| **Kredithai** | *jemand, der immens hohe Kreditzinsen verlangt* |

| | |
|---|---|
| **Lackaffe** | *ein eingebildeter Mensch* |
| **Leithammel** | *scherzhafte Bezeichnung für jemanden, der eine Gruppe anführt* |
| **Lockvogel** | *jemand, der andere zu etwas verführt* |
| **Mondkalb** | *jemand, der von nichts eine Ahnung hat* |
| **Nachteule** | *jemand, der besonders nachts aktiv ist* |

| | |
|---|---|
| **Ohrwurm** | *eine Melodie, die nicht mehr vergessen wird* |
| **Opferlamm** | *jemand, der sich geduldig und kampflos seinem Schicksal ergibt* |
| **Osterhase** | *ein Säugetier, das nur in einer bestimmten Zeit bunte Eier „legt"* |
| **Packesel** | *jemand, der sich viel Gepäck aufbürdet* |
| **Palmesel** | *ein Familienangehöriger, der am Palmsonntag als letzter aufsteht* |

| | |
|---|---|
| **Paradiesvogel** | *ein besonders „geschmückter", bunt gekleideter Mensch* |
| **Pechvogel** | *jemand, der nie Glück hat* |
| **Pleitegeier** | *dieser Vogel kreist über denjenigen, die dem finanziellen Ruin nahe sind* |
| **Prellbock** | *jemand, der den Ärger, der anderen zustehen würde, abbekommt* |
| **Salonlöwe** | *jemand, der durch Aussehen oder Auftreten in einer Gesellschaft herausragt* |

| | |
|---|---|
| **Schaukelpferd** | *ein Holzspielzeug für kleine Kinder* |
| **Schmusekatze** | *ein besonders liebebedürftiges Wesen* |
| **Schmutzfink** | *liebevolle Bezeichnung für ein Kind, das sich immer schmutzig macht* |
| **Spaßvogel** | *jemand, der immer zu Späßen aufgelegt ist* |
| **Stockfisch** | *ein sehr „steifer" Mensch* |

| | |
|---|---|
| **Unglücksrabe** | *jemand, der immer Pech hat* |
| **Unschuldslamm** | *jemand, der stets seine Unschuld beteuert* |
| **Wasserhahn** | *eine Vorrichtung an jedem Waschbecken* |
| **Wasserratte** | *jemand, der gern im Wasser ist* |
| **Weihnachtsgans** | *eine gebratene Delikatesse im Dezember* |

| | |
|---|---|
| **Windhund** | *jemand, der nicht besonders zuverlässig ist* |
| **Zeitungsente** | *Falschmeldung in einer Zeitung* |
| **Glücksschwein** | *ein Säugetier, das als symbolischer Glücksbringer gilt* |

## 3 Domino/Memory/Terzett/Zuordnungsaufgabe (Bild – Sprichwort/Redensart – Bedeutung): Bildhafte Sprichwörter und Redensarten und ihre Bedeutung

| Bild | Bildhafte Sprichwörter und Redensarten | und ihre Bedeutung |
|---|---|---|
| | auf (glühenden) Kohlen sitzen | es sehr eilig haben, unter Zeitdruck stehen |
| | auf großem Fuße leben | einen kostspieligen Lebenswandel führen |
| | auf der faulen Haut liegen | faulenzen, nichts tun, der Arbeit aus dem Weg gehen |
| | auf keinen grünen Zweig kommen | kein Glück im Leben haben, es zu nichts bringen |

| Bild | Bildhafte Sprichwörter und Redensarten | und ihre Bedeutung |
|---|---|---|
| | auf den Hund kommen | herunterkommen, verkommen |
| | auf dem Holzweg sein | im Irrtum sein, auf dem falschen Wege sein |
| | aus allen Wolken fallen | sehr überrascht sein |
| | das Messer sitzt ihm an der Kehle | es ist höchste Gefahr, er weiß nicht mehr weiter |

| Bild | Bildhafte Sprichwörter und Redensarten | und ihre Bedeutung |
|---|---|---|
| | das Pferd von hinten auf- zäumen | eine Sache verkehrt herum anfangen |
| | den Kopf in den Sand stecken | die Dinge nicht realistisch sehen wollen, einer unangeneh- men Situation aus dem Wege gehen, etwas ignorieren |
| | den Vogel abschießen | den besten Teil bekommen, eine besonders gute Idee erfolg- reich umsetzen |
| | den Kopf verlieren | nicht mehr ver- nünftig denken oder handeln können |

| Bild | Bildhafte Sprichwörter und Redensarten | und ihre Bedeutung |
|---|---|---|
| | den Bogen überspannen | zu viel verlangen, unmäßig sein, eine Sache zu weit treiben |
| | den Nagel auf den Kopf treffen | genau das Richtige tun, die richtige Lösung finden |
| | den Stier bei den Hörnern packen | ohne Umschweife auf sein Ziel, sein Vorhaben losgehen, ohne sich von der Gefahr einschüchtern zu lassen |
| | den Ton angeben | bestimmend, führend sein |

| Bild | Bildhafte Sprichwörter und Redensarten | und ihre Bedeutung |
|---|---|---|
| | den Kürzeren ziehen | im Nachteil sein |
| | den Faden verlieren | nicht weiter wissen; vergessen, was man noch sagen wollte; aus dem Konzept kommen |
| | die erste Geige spielen | im Mittelpunkt stehen, an erster Stelle stehen, den Ton angeben |
| | die Katze aus dem Sack lassen | eine Neuigkeit erzählen, andere damit überraschen |

| Bild | Bildhafte Sprichwörter und Redensarten | und ihre Bedeutung |
|---|---|---|
| | die Nase vollhaben | von unange-nehmen Dingen mehr als genug haben |
| | die Rechnung ohne den Wirt machen | Wesentliches außer Acht lassen, sich täuschen |
| | die Kirche im Dorf lassen | überlegt, nicht zu ungestüm oder radikal vorgehen; rea-listisch bleiben |
| | die Katze im Sack kaufen | ohne genaue Überprüfung, unüberlegt kaufen |

| Bild | Bildhafte Sprichwörter und Redensarten | und ihre Bedeutung |
|---|---|---|
| | die Flinte ins Korn werfen | mutlos eine Sache aufgeben, verzagen |
| | Dreck am Stecken haben | etwas angestellt haben, kein reines Gewissen haben |
| | durch die Blume sprechen | nicht deutlich aussprechen, was man meint; nur vorsichtig andeuten |
| | ein Haar spalten | es ganz besonders genau nehmen |

| Bild | Bildhafte Sprichwörter und Redensarten | und ihre Bedeutung |
|---|---|---|
| | ein Auge zudrücken | eine Sache mild beurteilen, behandeln; großzügig sein |
| | ein Brett vor dem Kopf haben | etwas nicht verstehen, einsehen können; absolut nicht begreifen; dumm, stur sein; sich in eine Sache verrennen |
| | eine weiße Weste haben | untadelig sein, jemandem nichts nachsagen können |
| | einem den Stuhl vor die Tür setzen | jemandem das Haus verbieten, abweisen, hinauswerfen |

| Bild | Bildhafte Sprichwörter und Redensarten | und ihre Bedeutung |
|---|---|---|
| | einem die Stange halten | jemandem beistehen, ihm Hilfe leisten |
| | einem das Fell über die Ohren ziehen | jemanden betrügen |
| | einem die Daumen halten | jemandem mit guten Wünschen beistehen, damit ihm sein Vorhaben gelingen möge |
| | einem die Zähne zeigen | eine drohende Gebärde machen, jemandem mutig entgegentreten |

| Bild | Bildhafte Sprichwörter und Redensarten | und ihre Bedeutung |
|---|---|---|
| | einen Bock schießen | eine Dummheit begehen, einen Fehler machen |
| | etwas für bare Münze nehmen | etwas für wahr und richtig halten |
| | etwas auf die lange Bank schieben | eine Sache oder ihre Entscheidung verzögern |
| | etwas aus dem Ärmel schütteln | etwas sehr leicht fertig bringen |

| Bild | Bildhafte Sprichwörter und Redensarten | und ihre Bedeutung |
|---|---|---|
| | etwas in den Schornstein schreiben | etwas als verloren ansehen, abschreiben |
| | etwas vom Zaun brechen | ohne ersichtlichen Grund einen Streit anfangen |
| | etwas an die große Glocke hängen | etwas überall herumerzählen, was eigentlich nicht für jedermanns Ohren bestimmt ist; etwas überall bekannt machen |
| | etwas im Schilde führen | etwas vorhaben, was der andere noch nicht ahnt |

| Bild | Bildhafte Sprichwörter und Redensarten | und ihre Bedeutung |
| --- | --- | --- |
| | für jemanden die Hand ins Feuer legen | sich für jemanden verbürgen, für ihn einstehen |
| | im Geld schwimmen | sehr viel Geld haben |
| | in Teufels Küche geraten | in große Not oder Verlegenheit kommen |
| | in der Kreide stehen | Schulden oder andere Verbindlichkeiten bei jemandem haben |

| Bild | Bildhafte Sprichwörter und Redensarten | und ihre Bedeutung |
|---|---|---|
| | ins Fettnäpfchen treten | unbedacht oder ungeschickt jemanden verstimmen, kränken |
| | ins Schwarze treffen | die Wahrheit genau erkennen, ins Ziel treffen |
| | jemandem einen Strich durch die Rechnung machen | jemandem seine Pläne vereiteln, stören |
| | jemandem auf die Finger sehen | jemanden ganz genau beobachten |

| Bild | Bildhafte Sprichwörter und Redensarten | und ihre Bedeutung |
|---|---|---|
| | jemandem das Wasser nicht reichen können | tief unten stehen, der andere kann es viel besser |
| | jemandem das Wasser abgraben | jemandem das Geschäft verderben, ihn in Not bringen |
| | jemandem Brief und Siegel geben | die stärkste Gewähr für etwas leisten, sein Wort darauf geben |
| | jemandem Sand in die Augen streuen | jemanden täuschen, ihn irreführen |

| Bild | Bildhafte Sprichwörter und Redensarten | und ihre Bedeutung |
|---|---|---|
| | jemandem etwas in die Schuhe schieben | jemandem die Schuld zuschieben |
| | jemandem einen Floh ins Ohr setzen | ihm etwas einreden, was nicht unbedingt gut für ihn sein muss, jemanden durch eine Mitteilung beunruhigen |
| | jemandem einen Denkzettel verpassen | ihn mehr oder weniger handgreiflich an etwas erinnern, damit er es ja nicht vergisst |
| | jemandem in die Suppe spucken | jemandem ein Geschäft oder ein Vorhaben verderben |

| Bild | Bildhafte Sprichwörter und Redensarten | und ihre Bedeutung |
|---|---|---|
| | jemandem einen Bären aufbinden | ihm etwas vorlügen, weismachen |
| | jemandem aufs Dach steigen | jemanden beschimpfen, schelten oder auch (be-)strafen |
| | jemanden in die Pfanne hauen | jemanden verraten, ihn unschädlich machen |
| | jemanden in die Zange nehmen | jemanden fest anpacken, ihn sich schonungslos vornehmen |

| Bild | Bildhafte Sprichwörter und Redensarten | und ihre Bedeutung |
|---|---|---|
| | jemanden an der Nase herumführen | jemanden mit falschen Verspre-chungen hinhalten, ihn nach Belieben lenken; jemanden irreführen |
| | jemanden übers Ohr hauen | jemanden hintergehen/ betrügen, schlau/gerissen sein |
| | jemandem auf den Zahn fühlen | jemanden aushorchen, genau prüfen |
| | jemanden abblitzen lassen | ihn abweisen, ihm eine scharfe Antwort geben |

| Bild | Bildhafte Sprichwörter und Redensarten | und ihre Bedeutung |
|---|---|---|
| | kein Blatt vor den Mund nehmen | alles gerade und derb (unverblümt) heraussagen |
| | Krokodilstränen weinen | sich traurig stellen, ohne es wirklich zu sein; heucheln |
| | mit dem Zaunpfahl winken | einem etwas grob zu verstehen geben, überdeutlich Wünsche äußern |
| | mit dem linken Fuß aufstehen | (ohne Grund) schlechte Laune haben |

| Bild | Bildhafte Sprichwörter und Redensarten | und ihre Bedeutung |
|---|---|---|
| | mit dem Kopf durch die Wand gehen | stur sein, ohne Rücksicht handeln |
| | mit der Tür ins Haus fallen | unerwartet, überraschend mit einem Vorschlag kommen; direkt und ohne Umschweife sagen, was man will |
| | nach der Pfeife von jemandem tanzen | jemandem mehr oder weniger blind gehorchen |
| | Nägel mit Köpfen machen | eine Sache so planen, dass sie durchführbar ist |

| Bild | Bildhafte Sprichwörter und Redensarten | und ihre Bedeutung |
|---|---|---|
| | Schwein haben | großes, unverhofftes Glück haben |
| | sein Geld auf die hohe Kante legen | Geld (für Notfälle) auf die Seite legen, sparen |
| | sein Haus auf Sand bauen | eine schlechte Grundlage/Basis schaffen |
| | sein Licht unter den Scheffel stellen | jemand ist so bescheiden, dass er gar nicht gesehen werden will |

| Bild | Bildhafte Sprichwörter und Redensarten | und ihre Bedeutung |
|---|---|---|
| | seine Hände in Unschuld waschen | seine Unschuld beteuern |
| | sich etwas aus den Fingern saugen | etwas ausdenken, eine erfundene Behauptung |
| | sich den Mund verbrennen | unüberlegte Worte sprechen; sich unvorsichtig in etwas einmischen |
| | sich etwas hinter die Ohren schreiben | sich etwas genau merken, damit man es nicht mehr vergisst |

| Bild | Bildhafte Sprichwörter und Redensarten | und ihre Bedeutung |
|---|---|---|
| | sich die Finger verbrennen | etwas Falsches tun, das schlimme Folgen haben kann |
| | sich in die Wolle geraten | sich ereifern, streiten, hitzig reagieren |
| | sich in die Höhle des Löwen wagen | seinen ganzen Mut zusammen-nehmen und einer gefähr-lichen Situation entgegentreten |
| | sich selbst an der Nase fassen | sich ehrlich besinnen, ob man selbst besser ist als der andere |

| Bild | Bildhafte Sprichwörter und Redensarten | und ihre Bedeutung |
|---|---|---|
| | unter einer Decke stecken | in geheimem Einverständnis mit einem anderen sein; die gleichen Ziele mit gleichen Mitteln verfolgen |
| | vor lauter Bäumen den Wald nicht sehen | sich durch Nebensächlichkeiten den Blick für das Wesentliche trüben lassen |

# 4 Spiel: Sprachjongleur
## Ergänzen von Sprichwörtern/Liedern/Gedichten; Kombinieren: Buchstaben ziehen und daraus Wörter bilden; Gefühle und Empfindungen ausdrücken

### Vorbereitung des Spiels:

Die einzelnen Karten werden auf Karteikarten in 4 verschiedenen Farben geklebt. Jede Farbe steht für eine bestimmte Aufgabenstellung (Symbol für Hören, Denken, Schreiben, Fühlen). Die Buchstaben werden einzeln auf festen Karton geklebt und in einer Dose gesammelt. Der Spielplan wird auf Karton geklebt (evtl. vergrößert) und zum Schutz mit Folie überzogen.

### Spielanleitung:

Gehe auf das erwürfelte Feld, lass dir die entsprechende Aufgabe von deinem „Hintermann" vorlesen und erfülle sie. Du darfst bei richtiger Lösung ein Feld weiterrücken (außer es ist bei der Aufgabenkarte etwas anderes angegeben), ansonsten musst du die erwürfelte Zahl wieder zurückgehen.

Bei 3 verschiedenen Aufgabenstellungen ist die Lösung angegeben. Der Mitspieler, der die Aufgabe vorliest, kontrolliert zugleich die Lösung. Bei den Karten des „Herz-Symbols" entscheiden alle Mitspieler gemeinsam, ob die Aufgabe erfüllt wurde. Auch bei der „Wörtersuche" entscheiden die Mitspieler, allerdings solltet ihr bei Unstimmigkeiten den Duden zu Hilfe nehmen.

Es ist durchaus möglich, dass du manchmal deine erwürfelte Zahl nicht vorwärts ziehen kannst, dann musst/darfst du auch rückwärts gehen. Den Aufzug in die nächste Etage darfst du nur benutzen, wenn du ihn ganz genau erwürfelst oder durch geschicktes Lösen der Aufgabe erreichen kannst. Der Vorteil im Aufzug ist auch, dass man hier von einem Mitspieler nicht „geworfen" werden kann. Wird man auf irgendeinem anderen Feld „geworfen", rutscht man damit automatisch in den letzten Aufzug bzw. den Start ab. Sieger ist, wer das Ziel als Erster erreicht hat.

### Du brauchst:

Spielplan, Aufgabenkarten, die Dose mit den Einzelbuchstaben, einen Würfel, je Spieler eine Spielfigur, je Spieler einen Notizblock, einen Füller und den Duden.

# Sprachjongleur

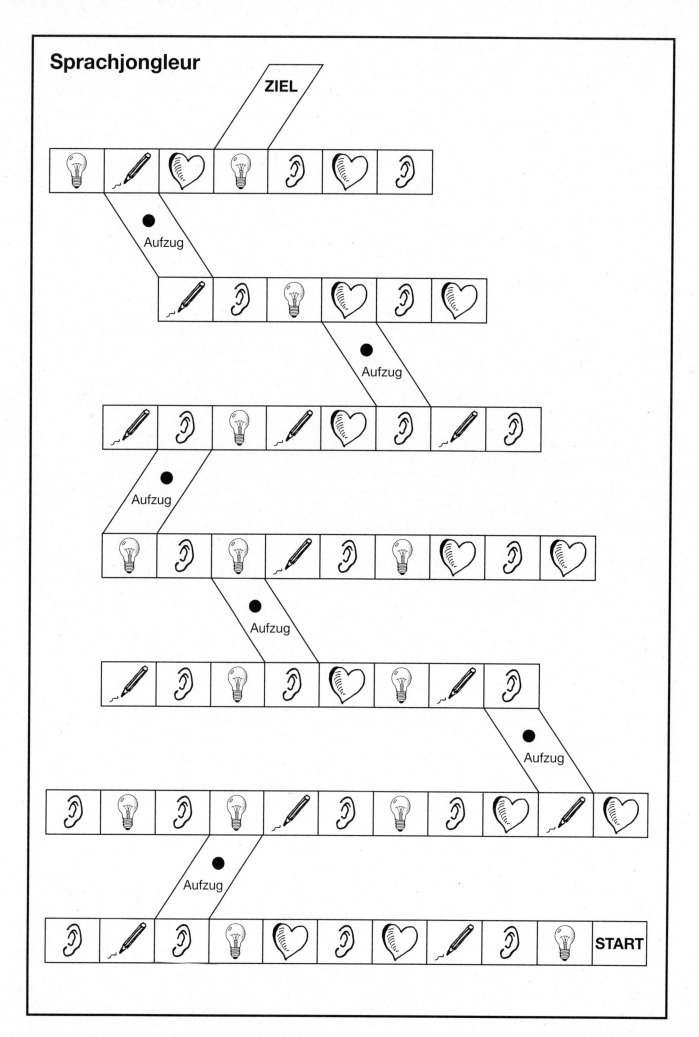

| | | | | | | | | |
|---|---|---|---|---|---|---|---|---|
| A | A | A | A | A | B | C | D | D |
| A | A | A | A | A | B | C | D | D |
| E | E | E | E | E | F | G | G | H |
| E | E | E | E | E | F | G | G | H |
| I | I | I | J | K | L | L | M | M |
| I | I | I | J | K | L | L | M | M |
| N | N | N | O | P | Q | R | R | R |
| N | N | N | O | P | Q | R | R | R |
| S | S | S | S | T | T | T | T | T |
| S | S | S | S | T | T | T | T | T |
| U | U | U | U | V | W | X | Y | Z |
| U | U | U | U | V | W | X | Y | Z |

# Aufgabenkarten

**Symbol Ohr 👂: Hören/Sprechen**

---

FORTSETZUNG FOLGT!
Ergänze das Sprichwort:
Wer anderen eine Grube gräbt, …

fällt selbst hinein.

---

FORTSETZUNG FOLGT!
Ergänze das Sprichwort: Wer
nicht kommt zur rechten Zeit, …

der muss seh'n, was übrig bleibt.

---

FORTSETZUNG FOLGT!
Ergänze das Sprichwort:
Wer nicht hören will, …

muss fühlen.

---

FORTSETZUNG FOLGT!
Ergänze das Sprichwort:
Früh übt sich, …

was ein Meister werden will.

---

FORTSETZUNG FOLGT!
Ergänze das Sprichwort:
Wer einmal lügt, …

dem glaubt man nicht, auch wenn
er dann die Wahrheit spricht.

---

FORTSETZUNG FOLGT!
Ergänze das Sprichwort:
Wer rastet, …

der rostet.

---

FORTSETZUNG FOLGT!
Ergänze das Sprichwort:
Es ist noch kein Meister …

vom Himmel gefallen.

---

FORTSETZUNG FOLGT!
Ergänze das Sprichwort:
Übung …

macht den Meister.

---

FORTSETZUNG FOLGT!
Ergänze das Sprichwort:
Morgenstund …

hat Gold im Mund.

---

FORTSETZUNG FOLGT!
Ergänze das Sprichwort: Vater
werden ist nicht schwer, …

Vater sein dagegen sehr.

**FORTSETZUNG FOLGT!**
Ergänze das Sprichwort:
Niemand kann zwei Herren …

dienen.

**FORTSETZUNG FOLGT!**
Ergänze das Sprichwort:
Reden ist Silber, …

Schweigen ist Gold.

**FORTSETZUNG FOLGT!**
Ergänze das Sprichwort: Was du
heute kannst besorgen, …

das verschiebe nicht auf morgen!

**FORTSETZUNG FOLGT!**
Ergänze das Sprichwort:
Stille Wasser …

sind tief.

**FORTSETZUNG FOLGT!**
Ergänze das Sprichwort:
Spinnen am Abend, …

erquickend und labend.

**FORTSETZUNG FOLGT!**
Ergänze das Sprichwort: Wo man
singt, da lass dich ruhig nieder, …

denn böse Menschen haben
keine Lieder.

**FORTSETZUNG FOLGT!**
Ergänze das Sprichwort:
Hunger …

ist der beste Koch!

**FORTSETZUNG FOLGT!**
Ergänze das Sprichwort:
Wer „A" sagt, …

muss auch „B" sagen.

**FORTSETZUNG FOLGT!**
Ergänze das Sprichwort:
All zu viel …

ist ungesund.

**FORTSETZUNG FOLGT!**
Ergänze das Sprichwort:
Pack schlägt sich, …

Pack verträgt sich.

FORTSETZUNG FOLGT!
Ergänze das Lied:
Im Märzen der Bauer …

die Rösslein einspannt.

FORTSETZUNG FOLGT!
Ergänze das Lied:
Der Mai ist gekommen, …

die Bäume schlagen aus.

FORTSETZUNG FOLGT!
Ergänze das Lied:
Der Winter ist vergangen, …

ich seh' des Maien Schein.

FORTSETZUNG FOLGT!
Ergänze das Lied:
Es tönen die Lieder, …

der Frühling kehrt wieder.

FORTSETZUNG FOLGT!
Ergänze das Lied:
Nun will der Lenz uns grüßen, …

von Mittag weht es lau.

FORTSETZUNG FOLGT!
Ergänze das Lied: Lustig ist das
Zigeunerleben, faria faria ho, …

brauch'n dem Kaiser kein Zins zu
geben, faria faria ho.

FORTSETZUNG FOLGT!
Ergänze das Lied:
Ein Männlein steht im Walde …

ganz still und stumm.

FORTSETZUNG FOLGT!
Ergänze das Lied: Es klappert die
Mühle am rauschenden Bach,
klipp klapp, …
bei Tag und bei Nacht ist der Müller
stehts wach, klipp klapp.

FORTSETZUNG FOLGT!
Ergänze das Lied: Ein Vogel
wollte Hochzeit machen …

in dem grünen Walde.

FORTSETZUNG FOLGT!
Ergänze das Lied: Kommt ein
Vogel geflogen, …
setzt sich nieder auf mein' Fuß,
hat ein' Zettel im Schnabel, von
der Mutter ein' Gruß.

FORTSETZUNG FOLGT!
Ergänze das Lied: Sah ein Knab
ein Röslein steh'n, …

Röslein auf der Heiden.

FORTSETZUNG FOLGT!
Ergänze das Lied:
Fuchs du hast die Gans
gestohlen, …

gib sie wieder her.

FORTSETZUNG FOLGT!
Ergänze das Lied:
Und in dem Schneegebirge, …

da fließt ein Brünnlein kalt.

FORTSETZUNG FOLGT!
Ergänze das Lied:
Wenn ich ein Vöglein wär' …

und auch zwei Flügel hätt', flög'
ich zu dir.

FORTSETZUNG FOLGT!
Ergänze das Lied:
Kein schöner Land in dieser Zeit …

als hier das unsre weit und breit.

FORTSETZUNG FOLGT!
Ergänze das Lied:
Der Mond ist aufgegangen, …

die goldnen Sternlein prangen am
Himmel hell und klar.

FORTSETZUNG FOLGT!
Ergänze das Gedicht: Ein Mensch
liest staunend, fast entsetzt, …

dass die moderne Technik jetzt
den Raum, die Zeit total besiegt …

FORTSETZUNG FOLGT!
Ergänze das Gedicht:
Frühling lässt sein blaues Band …

wieder flattern durch die Lüfte.

FORTSETZUNG FOLGT!
Ergänze das Gedicht:
Gifttod lässt sein Würgeband …

einfach flattern durch die Lüfte.

FORTSETZUNG FOLGT!
Ergänze das Gedicht: Dies ist ein
Herbsttag, wie ich keinen sah. …

Die Luft ist kühl, als atmete man
kaum.

FORTSETZUNG FOLGT!
Ergänze das Gedicht: Von drauß',
vom Walde komm ich her, …

ich muss euch sagen, es
weihnachtet sehr.

FORTSETZUNG FOLGT!
Ergänze das Gedicht: Heil'ge
Nacht auf Engelsschwingen, …

nahst du leise dich der Welt. Und
die Glocken hör' ich klingen und
die Fenster sind erhellt.

FORTSETZUNG FOLGT!
Ergänze das Gedicht:
Wer reitet so spät durch Nacht und
Wind? …

Es ist der Vater mit seinem Kind.

FORTSETZUNG FOLGT!
Ergänze das Gedicht:
Ein Mensch vom Freund kriegt eine
Karte, …

dass er sein Kommen froh erwarte.

**Symbol Leuchtbirne 💡 : Denken/Kombinieren**

Ziehe 4 Buchstaben und
bilde damit ein (möglichst langes)
Wort! Für jeden sinnvoll verwendeten Buchstaben erhältst du
einen Punkt!

Ziehe 4 Buchstaben und
bilde damit ein (möglichst langes)
Wort! Für jeden sinnvoll verwendeten Buchstaben erhältst du
einen Punkt!

Ziehe 4 Buchstaben und
bilde damit ein (möglichst langes)
Wort! Für jeden sinnvoll verwendeten Buchstaben erhältst du
einen Punkt!

Ziehe 4 Buchstaben und
bilde damit ein (möglichst langes)
Wort! Für jeden sinnvoll verwendeten Buchstaben erhältst du
einen Punkt!

Ziehe 5 Buchstaben und
bilde damit ein (möglichst langes)
Wort! Für jeden sinnvoll verwendeten Buchstaben erhältst du
einen Punkt!

Ziehe 5 Buchstaben und
bilde damit ein (möglichst langes)
Wort! Für jeden sinnvoll verwendeten Buchstaben erhältst du
einen Punkt!

Ziehe 5 Buchstaben und bilde damit ein (möglichst langes) Wort! Für jeden sinnvoll verwendeten Buchstaben erhältst du einen Punkt!

Ziehe 5 Buchstaben und bilde damit ein (möglichst langes) Wort! Für jeden sinnvoll verwendeten Buchstaben erhältst du einen Punkt!

Ziehe 6 Buchstaben und bilde damit ein (möglichst langes) Wort! Für jeden sinnvoll verwendeten Buchstaben erhältst du einen Punkt!

Ziehe 6 Buchstaben und bilde damit ein (möglichst langes) Wort! Für jeden sinnvoll verwendeten Buchstaben erhältst du einen Punkt!

Ziehe 6 Buchstaben und bilde damit ein (möglichst langes) Wort! Für jeden sinnvoll verwendeten Buchstaben erhältst du einen Punkt!

Ziehe 6 Buchstaben und bilde damit ein (möglichst langes) Wort! Für jeden sinnvoll verwendeten Buchstaben erhältst du einen Punkt!

Ziehe 7 Buchstaben und bilde damit ein (möglichst langes) Wort! Für jeden sinnvoll verwendeten Buchstaben erhältst du einen Punkt!

Ziehe 7 Buchstaben und bilde damit ein (möglichst langes) Wort! Für jeden sinnvoll verwendeten Buchstaben erhältst du einen Punkt!

Ziehe 7 Buchstaben und bilde damit ein (möglichst langes) Wort! Für jeden sinnvoll verwendeten Buchstaben erhältst du einen Punkt!

Ziehe 7 Buchstaben und bilde damit ein (möglichst langes) Wort! Für jeden sinnvoll verwendeten Buchstaben erhältst du einen Punkt!

Ziehe 8 Buchstaben und bilde damit ein (möglichst langes) Wort! Für jeden sinnvoll verwendeten Buchstaben erhältst du einen Punkt!

Ziehe 8 Buchstaben und bilde damit ein (möglichst langes) Wort! Für jeden sinnvoll verwendeten Buchstaben erhältst du einen Punkt!

Ziehe 8 Buchstaben und bilde damit ein (möglichst langes) Wort! Für jeden sinnvoll verwendeten Buchstaben erhältst du einen Punkt!

Ziehe 8 Buchstaben und bilde damit ein (möglichst langes) Wort! Für jeden sinnvoll verwendeten Buchstaben erhältst du einen Punkt!

Ziehe 9 Buchstaben und bilde damit ein (möglichst langes) Wort! Für jeden sinnvoll verwendeten Buchstaben erhältst du einen Punkt!

Ziehe 9 Buchstaben und bilde damit ein (möglichst langes) Wort! Für jeden sinnvoll verwendeten Buchstaben erhältst du einen Punkt!

Ziehe 9 Buchstaben und bilde damit ein (möglichst langes) Wort! Für jeden sinnvoll verwendeten Buchstaben erhältst du einen Punkt!

Ziehe 9 Buchstaben und bilde damit ein (möglichst langes) Wort! Für jeden sinnvoll verwendeten Buchstaben erhältst du einen Punkt!

Ziehe 10 Buchstaben und bilde damit ein (möglichst langes) Wort! Für jeden sinnvoll verwendeten Buchstaben erhältst du einen Punkt!

Ziehe 10 Buchstaben und bilde damit ein (möglichst langes) Wort! Für jeden sinnvoll verwendeten Buchstaben erhältst du einen Punkt!

Ziehe 10 Buchstaben und bilde damit ein (möglichst langes) Wort! Für jeden sinnvoll verwendeten Buchstaben erhältst du einen Punkt!

Ziehe 10 Buchstaben und bilde damit ein (möglichst langes) Wort! Für jeden sinnvoll verwendeten Buchstaben erhältst du einen Punkt!

**Symbol Bleistift** ✏ **: Überlegen/Schreiben**

Ziehe einen Buchstaben! Finde nun möglichst viele Wörter, die mit diesem Buchstaben beginnen, zum Bereich: Obst und Gemüse. (Je ein Punkt!)

Ziehe einen Buchstaben! Finde nun möglichst viele Wörter, die mit diesem Buchstaben beginnen, zum Bereich: Berge, Wälder und Landschaften. (Je ein Punkt!)

Ziehe einen Buchstaben! Finde nun möglichst viele Wörter, die mit diesem Buchstaben beginnen, zum Bereich: Gewässer, Flüsse, Seen, Meere. (Je ein Punkt!)

Ziehe einen Buchstaben! Finde nun möglichst viele Wörter, die mit diesem Buchstaben beginnen, zum Bereich: Städte und Länder. (Je ein Punkt!)

Ziehe einen Buchstaben! Finde nun möglichst viele Wörter, die mit diesem Buchstaben beginnen, zum Bereich: Schule und Ausbildung. (Je ein Punkt!)

Ziehe einen Buchstaben! Finde nun möglichst viele Wörter, die mit diesem Buchstaben beginnen, zum Bereich: Arbeit, Beruf und Werkzeuge. (Je ein Punkt!)

Ziehe einen Buchstaben! Finde nun möglichst viele Wörter, die mit diesem Buchstaben beginnen, zum Bereich: Bauwerke, Sehenswürdigkeiten, Denkmäler. (Je ein Punkt!)

Ziehe einen Buchstaben! Finde nun möglichst viele Wörter, die mit diesem Buchstaben beginnen, zum Bereich: Instrumente, Musik, Lieder. (Je ein Punkt!)

Ziehe einen Buchstaben!
Finde nun möglichst viele Wörter, die mit diesem Buchstaben beginnen, zum Bereich: Speisen, Gerichte, Getränke.
(Je ein Punkt!)

Ziehe einen Buchstaben!
Finde nun möglichst viele Wörter, die mit diesem Buchstaben beginnen, zum Bereich: Pflanzen, Blumen, Bäume. (Je ein Punkt!)

Ziehe einen Buchstaben!
Finde nun möglichst viele Wörter, die mit diesem Buchstaben beginnen, zum Bereich: Tierwelt.
(Je ein Punkt!)

Ziehe einen Buchstaben!
Finde nun möglichst viele Wörter, die mit diesem Buchstaben beginnen, zum Bereich: Maschinen, Energie, Elektrik, Geräte.
(Je ein Punkt!)

Ziehe einen Buchstaben!
Finde nun möglichst viele Wörter, die mit diesem Buchstaben beginnen, zum Bereich: Rundfunk, Fernsehen, Film, Stars.
(Je ein Punkt!)

Ziehe einen Buchstaben!
Finde nun möglichst viele Wörter, die mit diesem Buchstaben beginnen, zum Bereich: Schleckereien, Süßigkeiten.
(Je ein Punkt!)

Ziehe einen Buchstaben!
Finde nun möglichst viele Wörter, die mit diesem Buchstaben beginnen, zum Bereich: Gesundheitswesen. (Je ein Punkt!)

Ziehe einen Buchstaben!
Finde nun möglichst viele Wörter, die mit diesem Buchstaben beginnen, zum Bereich: Freizeit.
(Je ein Punkt!)

Ziehe einen Buchstaben!
Finde nun möglichst viele Wörter, die mit diesem Buchstaben beginnen, zum Bereich: Sport.
(Je ein Punkt!)

**Symbol Herz** 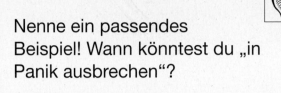 **: Fühlen/Empfinden/Sich ausdrücken**

| | |
|---|---|
| Nenne ein passendes Beispiel! Wann könntest du „in Panik ausbrechen"? | Nenne ein passendes Beispiel! Wann könntest du „vor Wut platzen"? |
| Nenne ein passendes Beispiel! Wann könntest du „vor Freude weinen"? | Nenne ein passendes Beispiel! Wann könntest du „vor Angst zittern"? |
| Nenne ein passendes Beispiel! Wann könntest du „rot werden bis über beide Ohren"? | Nenne ein passendes Beispiel! Wann könntest du „stottern vor Verlegenheit"? |
| Nenne ein passendes Beispiel! Wann könntest du „vor Freude hüpfen"? | Nenne ein passendes Beispiel! Wann könntest du „vor Scham im Boden versinken"? |
| Nenne ein passendes Beispiel! Wann könntest du „arbeiten wie ein Stier"? | Nenne ein passendes Beispiel! Wann könntest du „schweigen wie ein Grab"? |

Nenne ein passendes Beispiel! Wann könntest du „sprachlos sein"?

Nenne ein passendes Beispiel! Wann könntest du „restlos zufrieden sein"?

Nenne ein passendes Beispiel! Wann könntest du „dich verlieben"?

Nenne ein passendes Beispiel! Wann könntest du „todunglücklich sein"?

Nenne ein passendes Beispiel! Wann könntest du „ein Geheimnis verraten"?

Nenne ein passendes Beispiel! Wann könntest du „abergläubisch sein"?

Nenne ein passendes Beispiel! Wie könntest du „eine Niederlage verkraften"?

Nenne ein passendes Beispiel! In „welchem Fall würdest du auswandern"?

Nenne ein passendes Beispiel! Was würdest du tun, wenn du im Lotto gewinnen würdest?

Nenne ein passendes Beispiel! Was würdest du tun, wenn du Zeuge eines schweren Unfalls wärst?

Nenne ein passendes Beispiel! Was würdest du tun, wenn ein Kind im Hallenbad um Hilfe schreien würde?

Nenne ein passendes Beispiel! Was würdest du tun, wenn dein/e Freund/in Liebeskummer hätte?

Nenne ein passendes Beispiel! Was würdest du tun, wenn du in der Schule sitzen bleiben würdest?

Nenne ein passendes Beispiel! Wie würdest du reagieren, wenn keiner mehr mit dir spricht?

Nenne ein passendes Beispiel! Wie würdest du reagieren, wenn dir alles misslingen würde?

Nenne ein passendes Beispiel! Wie würdest du reagieren, wenn ein Mitschüler Aids hätte?

Nenne ein passendes Beispiel! Wie würdest du reagieren, wenn dein Banknachbar Krebs hätte?

Nenne ein passendes Beispiel! Wie würdest du reagieren, wenn du für den Rest deines Lebens allein auf einer Insel leben müsstest?

Nenne ein passendes Beispiel! Wie würdest du reagieren, wenn du dich im Wald verirren würdest?

Nenne ein passendes Beispiel! Wie würdest du reagieren, wenn plötzlich ein Löwe vor dir stehen würde?

# 5 Spiel: Pechvogel oder Glücksschwein?

Eigenschaftswörter im Vergleich mit Tieren

## Spielanleitung:

● Gehe auf das *erwürfelte Feld* und *löse die Aufgabe.* Hast du einen richtigen Vergleich genannt, darfst du *auf dem Feld sitzen bleiben.* Bei einer *falschen Lösung* musst du wieder *um die erwürfelte Zahl zurückgehen.* Ob die Lösung richtig ist, entscheiden die Mitspieler. Im Lösungsblatt könnt ihr nachlesen, wenn ihr nicht sicher seid.

● Erreichst du ein *Glücksfeld* durch Erwürfeln, *gehe dem Pfeil nach,* das heißt, du darfst einfach dem Ziel bis zum angegebenen Feld näher rücken. Verfahre ebenso mit dem *Pechvogelfeld,* allerdings entfernst du dich hier vom Ziel!

● Sieger ist, wer als Erster das Ziel erreicht.

## Du brauchst:

Spielplan, Lösungsblatt, je Mitspieler einen Spielstein, Würfel

| Pechvogel oder Glücksschwein? Lösungsblatt | |
|---|---|
| ängstlich | wie ein Hase |
| begossen | wie ein Pudel |
| böse | wie ein Wolf |
| diebisch | wie eine Elster |
| dumm | wie eine Gans |
| fleißig | wie eine Biene |
| frei | wie ein Vogel |
| fromm | wie ein Lamm |
| gesund | wie ein Fisch im Wasser |
| glatt | wie ein Aal |
| grau | wie eine Maus |
| gutmütig | wie ein (indischer) Elefant |
| hungrig | wie ein Löwe wie ein Bär wie ein Wolf |
| kalt | wie eine Hundeschnauze |
| klug | wie eine Eule |
| lahm | wie eine Ente |
| langsam | wie eine Schnecke |
| listig | wie ein Fuchs |
| müde | wie ein Hund |
| sanft | wie ein Lamm |
| scheu | wie ein Reh |
| schlau | wie ein Fuchs |
| schnell | wie ein Wiesel |
| stark | wie ein Bär |
| stolz | wie ein Pfau |
| störrisch | wie ein Esel |
| stur | wie ein Bock wie ein Esel |
| treu | wie ein Hund |
| unschuldig | wie ein Lamm |
| wild | wie eine Hummel wie ein Stier |

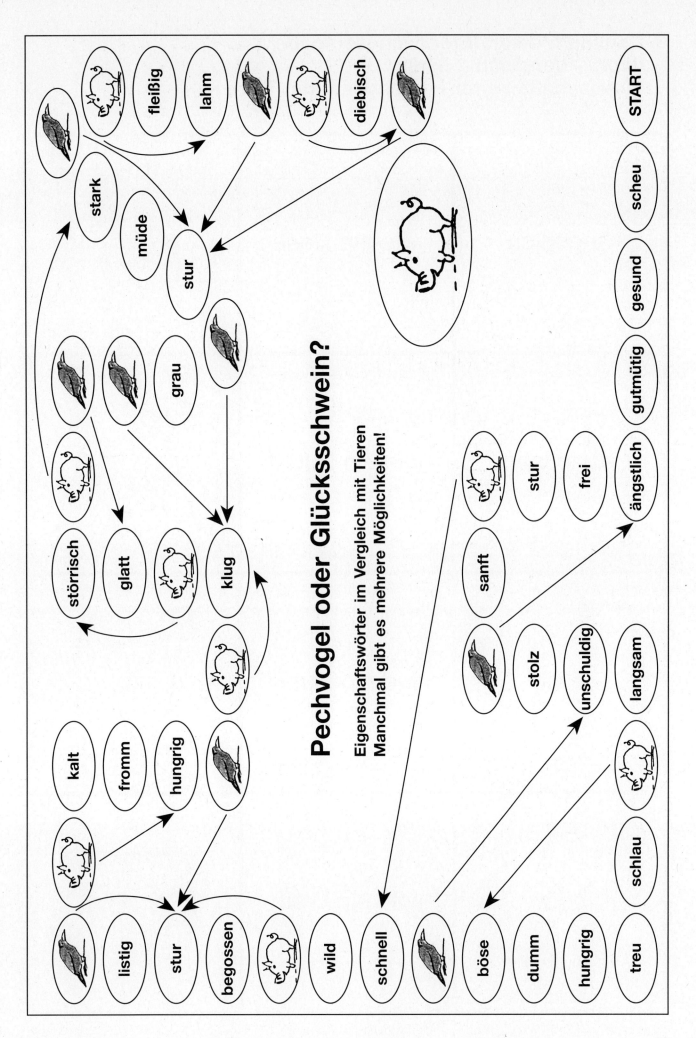

# Pechvogel oder Glücksschwein?

**Eigenschaftswörter im Vergleich mit Tieren
Manchmal gibt es mehrere Möglichkeiten!**

START

scheu

gesund

gutmütig

ängstlich

stur

frei

fleißig

lahm

diebisch

stark

müde

stur

grau

störrisch

glatt

klug

sanft

stolz

unschuldig

langsam

kalt

fromm

hungrig

listig

stur

begossen

wild

schnell

böse

dumm

hungrig

treu

schlau

# 6 Domino/Memory/Ergänzungsaufgabe (Wort – Vergleich – Bild): Eigenschaftswörter im Vergleich mit Tieren

| | | |
|---|---|---|
| ängstlich | wie ein Hase | |
| begossen | wie ein Pudel | |
| blind | wie ein Huhn | |
| böse | wie ein Wolf | |

| | | |
|---|---|---|
| boshaft | wie ein Affe | |
| bunt | wie ein Papagei | |
| diebisch | wie eine Elster | |
| dumm | wie eine Gans | |

| | | |
|---|---|---|
| dumm | wie eine Kuh | |
| dumm | wie ein Esel | |
| emsig | wie eine Biene | |
| falsch | wie eine Katze | |

| | | |
|---|---|---|
| fleißig | wie eine Biene | |
| flink | wie ein Wiesel | |
| frei | wie ein Vogel | |
| fromm | wie ein Lamm | |

| | | |
|---|---|---|
| geschmückt | wie ein Pfingstochse | |
| gesund | wie ein Fisch im Wasser | |
| glatt | wie ein Aal | |
| grau | wie eine Maus | |

| | | |
|---|---|---|
| gutmütig | wie ein Elefant | |
| hinterlistig | wie eine Katze | |
| hochnäsig | wie ein Kamel | |
| hungrig | wie ein Bär | |

| | | |
|---|---|---|
| hungrig | wie ein Löwe | |
| kalt | wie eine Hundeschnauze | |
| klug | wie eine Eule | |
| lahm | wie eine Ente | |

| | | |
|---|---|---|
| langsam | wie eine Schnecke | |
| lästig | wie eine Fliege | |
| listig | wie ein Fuchs | |
| müde | wie ein Hund | |

| | | |
|---|---|---|
| nachtragend | wie ein indischer Elefant | |
| nass | wie ein Pudel | |
| sanft | wie ein Lamm | |
| scheu | wie ein Reh | |

| | | |
|---|---|---|
| schlau | wie ein Fuchs | |
| schnell | wie ein Wiesel | |
| schwarz | wie ein Rabe | |
| stark | wie ein Bär | |

| | | |
|---|---|---|
| stolz | wie ein Pfau | |
| störrisch | wie ein Esel | |
| stumm | wie ein Fisch | |
| stur | wie ein Bock | |

| | | |
|---|---|---|
| stur | wie ein Esel | |
| treu | wie ein Hund | |
| unschuldig | wie ein Lamm | |
| wild | wie eine Hummel | |

# 7 Domino/Memory/Ergänzungsaufgabe (Wort – Vergleich – Bild): Zeitwörter im Vergleich mit Tieren

| | | |
|---|---|---|
| arbeiten | wie ein Pferd | |
| aufpassen | wie ein Schießhund | |
| brüllen | wie ein Stier | |
| essen | wie ein Spatz | |

| | | |
|---|---|---|
| gackern | wie die Hühner | |
| grinsen | wie ein Honig-kuchenpferd | |
| heulen | wie ein Schlosshund | |
| klappern | wie ein Storch | |

| | | |
|---|---|---|
| leben | wie ein Hund | |
| schlafen | wie ein Murmeltier | |
| schlucken | wie ein Specht | |
| schmeicheln | wie eine Katze | |

| | | |
|---|---|---|
| schnattern | wie eine Gans | |
| sich krümmen | wie ein Aal | |
| sich fühlen | wie eine Made im Speck | |
| sich mühsam ernähren | wie die Eichhörnchen | |

| | | |
|---|---|---|
| sich vermehren | wie die Kaninchen | |
| sich lausen | wie ein Affe | |
| sich winden | wie ein Aal | |
| speien (kotzen) | wie ein Reiher | |

| | | |
|---|---|---|
| stehlen | wie ein Rabe | |
| stinken | wie ein Iltis | |
| stolzieren | wie ein Hahn auf dem Mist | |
| streiten | wie die Hähne | |

# 8 Stöpselkarten: „das" oder „dass"

Schüler verwechseln sehr leicht „das" und „dass". Diesem „ewigen" Problem wirken die Stöpselkarten durch einen großen Vorteil entgegen: Wenn die Schüler einen Fehler machen, prägt sich dieser nicht so leicht ein, weil sie das Wort ja *nicht falsch schreiben*, sondern nur durch die zwei verschiedenen Farben *kennzeichnen*. Außerdem kann der Schüler beim Überarbeiten selbst bemerkte Fehler leicht ausmerzen, denn ein wichtiger **Auftrag** für diese Aufgabe lautet: Wenn du mit einer Karte mit dem Stöpseln fertig bist, kontrolliere die Farbzuordnung auf der Rückseite. Nur die Sätze, in denen du Fehler gemacht hast, schreibst du auf und kennzeichnest „das" und „dass" mit entsprechender Farbe!

## Herstellung:

Die Vorlagen werden auf festen Karton geklebt und zum Schutz mit Folie überzogen. Anschließend werden an den Stellen, an denen „das" vorkommt, mit einem Locheisen Löcher gestanzt. Auf der Rückseite umrahmt man nun diese Löcher mit einem Folienstift entsprechender Farbe. Genauso verfährt man mit den Lücken, die für „dass" stehen.

## Du brauchst:

Stöpselkarten, grüne und rote Stöpsel, einen Notizblock und Schreibzeug

---

**HILFEKARTE „das" oder „dass"**

**Merke:** Immer, wenn du „das" **nicht mit dieses, jenes oder welches** ersetzen kannst, schreibst du „dass";
„**dass**" leitet einen **Nebensatz** ein. Vor „dass" steht immer ein **Komma**!

Ich weiß, **dass** du mich gesehen hast.
**Dass** es hier aber auch jeden Tag regnet, ärgert mich sehr!

- Es ist ziemlich sicher, **dass** die Zahl der Autos weiter ansteigen wird.
- Erstaunlich ist es, **dass** nicht noch mehr Unfälle geschehen.
- Jeder weiß, **dass** der Verkehr in unserer Zeit ein großes Problem geworden ist.
- **Dass** auf diesem Gebiet in der Vergangenheit manches versäumt wurde, wird niemand bestreiten wollen.
- Es ist unbedingt notwendig, **dass** jeder Autofahrer mindestens einen Ersatzreifen mitführt.
- **Dass** nicht noch mehr Unfälle geschehen, ist erstaunlich.
- **Dass** der Verkehr in unserer Zeit ein großes Problem geworden ist, weiß jeder.
- Es wird niemand bestreiten wollen, **dass** auf diesem Gebiet in der Vergangenheit manches versäumt wurde.
- **Dass** jeder Autofahrer mindestens einen Ersatzreifen mitführt, ist unbedingt notwendig.

---

**HILFEKARTE „das" oder „dass"**

**Merke:** „**Das**" als **Artikel** oder als **rückbezügliches Fürwort**: Immer, wenn du **dieses, jenes** oder **welches** einsetzen könntest, schreibst du „**das**" mit einfachem „**s**".

z. B.: **Das** Haus ist alt. – **Dieses** Haus ist alt.
Seit langem ahnte ich **das**. – Seit langem ahnte ich **dieses**.

- Das Gewitter, das (welches) uns im Gebirge überraschte, hielt uns mehrere Stunden in der Hütte fest.
- Das Warten an der Grenze, das (welches) uns viel Zeit kostete, ist unangenehm.
- Zum Schi fahren, das (welches) mir so viel Freude macht, bin ich in diesem Winter nicht gekommen.
- Durch das Laufen auf einem Schotterweg, das (welches) mich sehr ermüdete, bekam ich Blasen an den Füßen.
- Das Lineal, das (welches) er gefunden hat, gehört mir.

# Deutsch – Stöpselkarten – das (rot) oder dass (grün)

| | |
|---|---|
| Wie kommt es, _____ er _____ nicht eher gemerkt hat? | Wie kommt es, **dass** er **das** nicht eher gemerkt hat? |
| Es wurde so kalt, _____ sich Eis-zapfen bildeten. | Es wurde so kalt, **dass** sich Eis-zapfen bildeten. |
| Ich freue mich, _____ du _____ selber gekonnt hast. | Ich freue mich, **dass** du **das** selber gekonnt hast. |
| So, _____ reicht nun! | So, **das** reicht nun! |
| Würden Sie uns _____ bitte nochmal zeigen! | Würden Sie uns **das** bitte nochmal zeigen! |
| _____ ich _____ nicht schon eher gemerkt habe! | **Dass** ich **das** nicht schon eher gemerkt habe! |
| Kann er _____ wirklich von uns verlangen? | Kann er **das** wirklich von uns verlangen? |
| Wir haben _____ überhaupt nicht gewollt. | Wir haben **das** überhaupt nicht gewollt. |

| | |
|---|---|
| Womit erklärst du dir _____? | Womit erklärst du dir **das**? |
| _____ kann niemand von ihm erwarten. | **Das** kann niemand von ihm erwarten. |
| Ich glaube, _____ _____ Gebäude jetzt leer steht. | Ich glaube, **dass das** Gebäude jetzt leer steht. |
| Wer hat denn _____ behauptet? | Wer hat denn **das** behauptet? |
| Ich weiß nicht mit Sicherheit, ob er _____ Portmonee wirklich gefunden hat. | Ich weiß nicht mit Sicherheit, ob er **das** Portmonee wirklich gefunden hat. |
| Denk daran, _____ öfter gelüftet werden muss. | Denk daran, **dass** öfter gelüftet werden muss. |
| Habt ihr _____ Gedicht schon auswendig gelernt? | Habt ihr **das** Gedicht schon auswendig gelernt? |
| Wo gibt es _____ überhaupt noch? | Wo gibt es **das** überhaupt noch? |

| | |
|---|---|
| Es muss so leise sein, _____ man eine Nadel fallen hört. | Es muss so leise sein, **dass** man eine Nadel fallen hört. |
| _____ braucht noch viel Zeit. | **Das** braucht noch viel Zeit. |
| Warum hat _____ Besprechen so lange gedauert? | Warum hat **das** Besprechen so lange gedauert? |
| Stimmt es, _____ _____ neue Büro fast doppelt so groß ist? | Stimmt es, **dass das** neue Büro fast doppelt so groß ist? |
| Vielleicht könnten Sie _____ Gerät so drehen, _____ alle _____ sehen können. | Vielleicht könnten Sie **das** Gerät so drehen, **dass** alle **das** sehen können. |
| Würden Sie _____ bitte wiederholen! | Würden Sie **das** bitte wiederholen! |
| Ich weiß, _____ es so stimmt. | Ich weiß, **dass** es so stimmt. |
| Wenn wir _____ nur schon wüssten. | Wenn wir **das** nur schon wüssten. |

| | |
|---|---|
| Es ist unwahrscheinlich, _____ er nicht recht bekommt. | Es ist unwahrscheinlich, **dass** er nicht recht bekommt. |
| _____ Ergebnis bekommt damit eine ganz andere Bedeutung. | **Das** Ergebnis bekommt damit eine ganz andere Bedeutung. |
| Du hast _____ falsche Wort durchgestrichen. | Du hast **das** falsche Wort durchgestrichen. |
| _____ stammt gewiss nicht von mir. | **Das** stammt gewiss nicht von mir. |
| Kaum jemand hielt es für möglich, _____ wir gewinnen. | Kaum jemand hielt es für möglich, **dass** wir gewinnen. |
| Ob dir _____ Glück auch treu bleibt? | Ob dir **das** Glück auch treu bleibt? |
| _____ sie auch immer recht bekommen muss! | **Dass** sie auch immer recht bekommen muss! |
| Wenn _____ _____ Einzige ist, _____ euch Spaß macht, dann ist _____ traurig. | Wenn **das das** Einzige ist, **das** euch Spaß macht, dann ist **das** traurig. |

| | |
|---|---|
| _____ braucht viel Zeit, _____ geht nicht im Handumdrehen. | **Das** braucht viel Zeit, **das** geht nicht im Handumdrehen. |
| _____ Spiel, _____ wir gesehen haben, war schön. | **Das** Spiel, **das** wir gesehen haben, war schön. |
| Ich weiß, _____ die Spieler ihr Bestes gaben. | Ich weiß, **dass** die Spieler ihr Bestes gaben. |
| _____ es dort sehr langweilig war, erzählte er enttäuscht. | **Dass** es dort sehr langweilig war, erzählte er enttäuscht. |
| Glaubst du auch, _____ er noch kommen wird? | Glaubst du auch, **dass** er noch kommen wird? |
| Ich kann _____ einfach nicht glauben. | Ich kann **das** einfach nicht glauben. |
| _____ du _____ für mich getan hast, _____ werde ich dir nie vergessen. | **Dass** du **das** für mich getan hast, **das** werde ich dir nie vergessen. |
| _____ sie sich auf Anhieb so geschickt anstellt, war doch überraschend. | **Dass** sie sich auf Anhieb so geschickt anstellt, war doch überraschend. |

| | |
|---|---|
| Ohne gegenseitiges Vertrauen, _____ sei hier mal gesagt, geht gar nichts. | Ohne gegenseitiges Vertrauen, **das** sei hier mal gesagt, geht gar nichts. |
| Sie hätten wissen müssen, _____ _____ nicht von allen gut-geheißen wird. | Sie hätten wissen müssen, **dass das** nicht von allen gutgeheißen wird. |
| _____ Abschreiben, _____ hier bei einigen üblich ist, werde ich noch unterbinden müssen. | **Das** Abschreiben, **das** hier bei einigen üblich ist, werde ich noch unterbinden müssen. |
| Kann schon sein, _____ es dies und _____ noch zu reparieren gibt. | Kann schon sein, **dass** es dies und **das** noch zu reparieren gibt. |
| Ein Blatt, _____ so zerknüllt ist, _____ kannst du doch nicht als Briefpapier benutzen! | Ein Blatt, **das** so zerknüllt ist, **das** kannst du doch nicht als Briefpapier benutzen! |
| Wir hatten den Verdacht, _____ könnte ein Trick sein. | Wir hatten den Verdacht, **das** könnte ein Trick sein. |
| Er hat sich _____ von dem Geld, _____ er selber verdient hat, ge-kauft. | Er hat sich **das** von dem Geld, **das** er selber verdient hat, ge-kauft. |
| Sie meinte wohl, _____ würde immer so bleiben. | Sie meinte wohl, **das** würde immer so bleiben. |

| | |
|---|---|
| Wie kannst du _____ Tröpfeln, _____ man hier ständig hört, aus-halten? | Wie kannst du **das** Tröpfeln, **das** man hier ständig hört, aus-halten? |
| Sie schrieb so viel, _____ ihr die Finger schmerzten. | Sie schrieb so viel, **dass** ihr die Finger schmerzten. |
| Ob _____ gelingt, _____ werdet ihr schon noch erfahren. | Ob **das** gelingt, **das** werdet ihr schon noch erfahren. |
| Wenn du _____ allein geschafft hast, dann ist _____ eine tolle Leistung. | Wenn du **das** allein geschafft hast, dann ist **das** eine tolle Leistung. |
| Jetzt wird _____ natürlich alles teurer. | Jetzt wird **das** natürlich alles teurer. |
| _____ Kätzchen, _____ du da erwähnst, ist inzwischen ein Mordskater. | **Das** Kätzchen, **das** du da erwähnst, ist inzwischen ein Mordskater. |
| _____ ihr euch aber auch gar nichts merken könnt! | **Dass** ihr euch aber auch gar nichts merken könnt! |
| Ist _____ _____ Knie, _____ zuletzt operiert wurde? | Ist **das das** Knie, **das** zuletzt operiert wurde? |

| | |
|---|---|
| Ich weiß, _____ du nicht gern rechnest. | Ich weiß, **dass** du nicht gern rechnest. |
| _____ ist hinausgeworfenes Geld! | **Das** ist hinausgeworfenes Geld! |
| Achtung, _____ ist eine wichtige Durchsage! | Achtung, **das** ist eine wichtige Durchsage! |
| Wir schreiben _____ Wort, _____ wir nicht wussten, in unser Heft. | Wir schreiben **das** Wort, **das** wir nicht wussten, in unser Heft. |
| Isa behauptet, _____ _____ Heft ihr gehöre. | Isa behauptet, **dass das** Heft ihr gehöre. |
| Er wiederholt immer wieder, _____ er nicht beteiligt war. | Er wiederholt immer wieder, **dass** er nicht beteiligt war. |
| Ich freue mich, _____ du mich besuchst. | Ich freue mich, **dass** du mich besuchst. |
| _____ wird am Anfang sehr schwer für dich sein. | **Das** wird am Anfang sehr schwer für dich sein. |

| | |
|---|---|
| _____ hätte ich nie und nimmer geglaubt. | **Das** hätte ich nie und nimmer geglaubt. |
| Er sagt, _____ er _____ Schreiben noch nicht bekommen habe. | Er sagt, **dass** er **das** Schreiben noch nicht bekommen habe. |
| Ich weiß, _____ Schreiben fällt dir schwer. | Ich weiß, **das** Schreiben fällt dir schwer. |
| Weißt du, _____ wir morgen eine Klassenarbeit schreiben? | Weißt du, **dass** wir morgen eine Klassenarbeit schreiben? |
| Glaubst du, _____ es stimmt, was Michael erzählt hat? | Glaubst du, **dass** es stimmt, was Michael erzählt hat? |
| _____ glaubt dir doch keiner! | **Das** glaubt dir doch keiner! |
| _____ Buch, _____ ihm sein Freund schenkte, ist spannend. | **Das** Buch, **das** ihm sein Freund schenkte, ist spannend. |
| Es scheint dich nicht zu interessieren, _____ ich eine eigene Meinung habe. | Es scheint dich nicht zu interessieren, **dass** ich eine eigene Meinung habe. |

| | |
|---|---|
| _____ ist die Laufbahn, die ich dir empfehlen könnte. | **Das** ist die Laufbahn, die ich dir empfehlen könnte. |
| _____ sind die Regeln, die du einhalten musst. | **Das** sind die Regeln, die du einhalten musst. |
| _____ Gespräch, _____ wir führten, war sehr aufschlussreich für mich. | **Das** Gespräch, **das** wir führten, war sehr aufschlussreich für mich. |
| _____ Bild, _____ an der Wand hängt, ist schön. | **Das** Bild, **das** an der Wand hängt, ist schön. |
| _____ ist _____ Haus, in dem Susanne und Uli wohnen. | **Das** ist **das** Haus, in dem Susanne und Uli wohnen. |
| _____ Auto, _____ sich unser Nachbar gekauft hat, fährt sehr schnell. | **Das** Auto, **das** sich unser Nachbar gekauft hat, fährt sehr schnell. |
| _____ hätte nicht passieren dürfen! | **Das** hätte nicht passieren dürfen! |
| Wie heißt _____ Mädchen, _____ auf der Schaukel sitzt? | Wie heißt **das** Mädchen, **das** auf der Schaukel sitzt? |

| | |
|---|---|
| Der Koffer war so schwer, _____ Bernd ihn nicht hochheben konnte. | Der Koffer war so schwer, **dass** Bernd ihn nicht hochheben konnte. |
| Aber Uwe ließ sich _____ nicht gefallen. | Aber Uwe ließ sich **das** nicht gefallen. |
| Kurz darauf bemerkte ich, _____ ich meine Geldbörse verloren hatte. | Kurz darauf bemerkte ich, **dass** ich meine Geldbörse verloren hatte. |
| _____ war _____ beste Gespräch, _____ wir jemals geführt haben. | **Das** war **das** beste Gespräch, **das** wir jemals geführt haben. |
| Du vergisst, _____ ich schon volljährig bin. | Du vergisst, **dass** ich schon volljährig bin. |
| Wie lange dauert _____ denn noch? | Wie lange dauert **das** denn noch? |
| _____ er sich am Abend die Zähne putzte, war selbstverständlich. | **Dass** er sich am Abend die Zähne putzte, war selbstverständlich. |
| Ich versprach meiner Mutter, _____ ich fleißig sein werde. | Ich versprach meiner Mutter, **dass** ich fleißig sein werde. |

| | |
|---|---|
| Oh, _____ ist aber sehr schade! | Oh, **das** ist aber sehr schade! |
| Wir fuhren nicht in den Urlaub, da sich _____ Wetter verschlechtert hatte. | Wir fuhren nicht in den Urlaub, da sich **das** Wetter verschlechtert hatte. |
| Er war so schwer verletzt, _____ er ins Krankenhaus eingeliefert wurde. | Er war so schwer verletzt, **dass** er ins Krankenhaus eingeliefert wurde. |
| _____ war die Sensation der Abschlussfeier. | **Das** war die Sensation der Abschlussfeier. |
| Er hatte _____ Buch vergessen, _____ ich ihm geliehen hatte. | Er hatte **das** Buch vergessen, **das** ich ihm geliehen hatte. |
| Er wusste, _____ ich dieses Buch unbedingt lesen wollte. | Er wusste, **dass** ich dieses Buch unbedingt lesen wollte. |
| _____ _____ sehr schwierig war, glaube ich dir gern. | **Dass das** sehr schwierig war, glaube ich dir gern. |
| _____ Haus, _____ gegenübersteht, wird heute abgerissen. | **Das** Haus, **das** gegenübersteht, wird heute abgerissen. |

# Stöpselkarten: Umstandsbestimmungen

**Herstellung:**

Die Vorlagen werden auf festen Karton geklebt und zum Schutz mit Folie überzogen. Anschließend werden an allen 4 Stellen rechts neben dem Satz (mit einem Locheisen) Löcher gestanzt. Auf der Rückseite umrahmt man nun alle richtig gestöpselten Löcher mit einem Folienstift.

Erfrage die Umstandsbestimmungen! Wenn du nicht sicher bist, sieh auf der Hilfekarte nach! Stöpsle nun in die richtige Spalte! Erst wenn du mit der ganzen Karte fertig bist, kontrolliere deine Lösungen auf der Rückseite! Schreibe bitte den Satz, den du nicht richtig bearbeitet hast, auf den Block!

| Satz | U. des Ortes | U. der Art und Weise | U. der Zeit | U. des Grundes |
|---|---|---|---|---|
| **Wegen des Hustens** muss ich ins Bett. | ○ | ○ | ○ | ● |
| **Nachts** treffen sich die Mäuse im Keller. | ○ | ○ | ● | ○ |
| Er verbarg nur **mühsam** die Tränen. | ○ | ● | ○ | ○ |
| Die Blumen blühen **im Garten**. | ● | ○ | ○ | ○ |
| Sie kamen **lachend** aus dem Kino. | ○ | ● | ○ | ○ |
| **In der Nacht** sind alle Katzen grau. | ○ | ○ | ● | ○ |
| Sie gingen **vorsichtig** in die Küche. | ○ | ● | ○ | ○ |
| **Wegen des Regens** fällt das Spiel aus. | ○ | ○ | ○ | ● |
| Erkans Großeltern wohnen **in der Türkei**. | ● | ○ | ○ | ○ |
| **Verärgert** rannte sie aus dem Zimmer. | ○ | ● | ○ | ○ |
| **Aus Mitleid** nahm sie die Katze zu sich. | ○ | ○ | ○ | ● |

---

## Hilfekarte: Umstandsbestimmungen

### Umstandsbestimmung des Ortes
Wir fragen:
Wo? Woher? Wohin?
● Die Katze schläft gern *auf dem Sofa.*

### Umstandsbestimmung der Zeit
Wir fragen:
Wann? Wie lange? Seit wann? Bis wann? Zu welcher Zeit?
● *Bis zum Einbruch der Dunkelheit* hielt sich der Dieb versteckt.

### Umstandsbestimmung der Art und Weise
Wir fragen:
Wie? Auf welche Weise?
● Der Sportler hielt sich nur *unter großen Schmerzen* aufrecht.

### Umstandsbestimmung des Grundes
Wir fragen:
Warum? Wieso? Aus welchem Grund? Weshalb?
● Die Schule bleibt *wegen dringend notwendiger Umbauarbeiten* geschlossen.

Erfrage die Umstandsbestimmungen! Wenn du nicht sicher bist, sieh auf der Hilfekarte nach! Stöpsle nun in die richtige Spalte! Erst wenn du mit der ganzen Karte fertig bist, kontrolliere deine Lösungen auf der Rückseite! Schreibe bitte den Satz, den du nicht richtig bearbeitet hast, auf den Block!

| Satz | U. des Ortes | U. der Art und Weise | U. der Zeit | U. des Grundes |
|---|---|---|---|---|
| Ihm knurrte der Magen laut **vor Hunger**. | ○ | ○ | ○ | ● |
| Deine Schlittschuhe liegen **unter dem Schrank**. | ● | ○ | ○ | ○ |
| **In Italien** gibt es gute Nudelgerichte. | ● | ○ | ○ | ○ |
| Das Meer hat sich **wegen der Sonne** um 10° erwärmt. | ○ | ○ | ○ | ● |
| Ich lese besonders gern abends **im Bett**. | ● | ○ | ○ | ○ |
| Meine Comics kaufe ich **am Bahnhofskiosk**. | ● | ○ | ○ | ○ |
| **Am Sonntag** gehe ich meistens auf den Fußballplatz. | ○ | ○ | ● | ○ |
| **Am Samstagnachmittag** helfe ich oft im Pferdestall. | ○ | ○ | ● | ○ |
| Zitternd **vor Angst** kroch er unter die Bettdecke. | ○ | ○ | ○ | ● |
| Gestern gingen wir **im Park** spazieren. | ● | ○ | ○ | ○ |
| Ich lese dir **nach getaner Arbeit** gern etwas vor. | ○ | ○ | ● | ○ |

Erfrage die Umstandsbestimmungen! Wenn du nicht sicher bist, sieh auf der Hilfekarte nach! Stöpsle nun in die richtige Spalte! Erst wenn du mit der ganzen Karte fertig bist, kontrolliere deine Lösungen auf der Rückseite! Schreibe bitte den Satz, den du nicht richtig bearbeitet hast, auf den Block!

| Satz | U. des Ortes | U. der Art und Weise | U. der Zeit | U. des Grundes |
|---|---|---|---|---|
| Bis zum Ende kämpften sie **verbissen**. | ○ | ● | ○ | ○ |
| Eine tolle Jeans liegt **im Schaufenster**. | ● | ○ | ○ | ○ |
| **Um zwei Uhr** bin ich mit ihr verabredet. | ○ | ○ | ● | ○ |
| **Gespannt** verfolgte er die Diskussion. | ○ | ● | ○ | ○ |
| **Großzügig** verteilte er seine Schokolade. | ○ | ● | ○ | ○ |
| Mein Lehrer lag **krank** im Bett. | ○ | ● | ○ | ○ |
| **In der Nacht** konnte er lange nicht einschlafen. | ○ | ○ | ● | ○ |
| Der Ball landete oft **im Tor** des Gegners. | ● | ○ | ○ | ○ |
| **Wegen einer Erkältung** durfte er nicht mitschwimmen. | ○ | ○ | ○ | ● |
| **Morgens** habe ich nie Hunger. | ○ | ○ | ● | ○ |
| **Weinend** erzählte sie von ihrem Fahrradunfall. | ○ | ● | ○ | ○ |

**Erfrage die Umstandsbestimmungen! Wenn du nicht sicher bist, sieh auf der Hilfekarte nach! Stöpsle nun in die richtige Spalte! Erst wenn du mit der ganzen Karte fertig bist, kontrolliere deine Lösungen auf der Rückseite! Schreibe bitte den Satz, den du nicht richtig bearbeitet hast, auf den Block!**

| Satz | U. des Ortes | U. der Art und Weise | U. der Zeit | U. des Grundes |
|---|:---:|:---:|:---:|:---:|
| **Seit dem Krieg** ist das Stadtzentrum völlig zerstört. | ○ | ○ | ● | ○ |
| Der Polizist schlug dem Verbrecher **blitzschnell** die Waffe aus der Hand. | ○ | ● | ○ | ○ |
| Der 30-jährige Krieg begann **im Jahre 1618**. | ○ | ○ | ● | ○ |
| Christoph Columbus hat **schon vor langer Zeit** Amerika entdeckt. | ○ | ○ | ● | ○ |
| **Wegen des Prager Fenstersturzes** begann ein schlimmer Krieg. | ○ | ○ | ○ | ● |
| **Durch Hitlers Einmarsch in Polen** brach der zweite Weltkrieg aus. | ○ | ○ | ○ | ● |
| **Mit Hilfe des Dynamos** wird am Fahrrad Licht erzeugt. | ○ | ● | ○ | ○ |
| **Heute** stellte mir der Lehrer keine Fragen. | ○ | ○ | ● | ○ |
| Unsere Katze schläft besonders gern **auf dem Sofa**. | ● | ○ | ○ | ○ |
| **Bis zum Einbruch der Dunkelheit** versteckte sich der Ausreißer im Schuppen. | ○ | ○ | ● | ○ |
| Mein Banknachbar schrieb **jeden Morgen** die Hausaufgabe von mir ab. | ○ | ○ | ● | ○ |

**Erfrage die Umstandsbestimmungen! Wenn du nicht sicher bist, sieh auf der Hilfekarte nach! Stöpsle nun in die richtige Spalte! Erst wenn du mit der ganzen Karte fertig bist, kontrolliere deine Lösungen auf der Rückseite! Schreibe bitte den Satz, den du nicht richtig bearbeitet hast, auf den Block!**

| Satz | U. des Ortes | U. der Art und Weise | U. der Zeit | U. des Grundes |
|---|:---:|:---:|:---:|:---:|
| Letzte Woche fuhr mein Vater sein neues Auto **wegen eines defekten Scheinwerfers** in die Werkstatt. | ○ | ○ | ○ | ● |
| **Vergebens** bemühte sich der Lehrer, die Schüler für diese Sache zu begeistern. | ○ | ● | ○ | ○ |
| Aus Angst hatte sie den Verweis **wochenlang** im Schulranzen versteckt. | ○ | ○ | ● | ○ |
| **Voller Freude** pflückte sie einen wunderschönen Blumenstrauß für ihre Mutter. | ○ | ● | ○ | ○ |
| **Wegen des Gewitters** habe ich heute Nacht schlecht geschlafen. | ○ | ○ | ○ | ● |
| Meine wertvollen Bücher leihe ich niemandem **besonders gern** aus. | ○ | ● | ○ | ○ |
| Zum Erstaunen aller passierte dem Kind nichts, als es **aus dem Fenster des 2. Stockwerkes** fiel. | ● | ○ | ○ | ○ |
| Das interessierte Publikum lacht **herzhaft** über den besonders lustigen Clown. | ○ | ● | ○ | ○ |
| **Mit großer Hingabe** leckt die Katzenmutter ihre Neugeborenen trocken. | ○ | ● | ○ | ○ |
| Als Kind schämte sich Robert oft **seiner abgetragenen Kleidung**. | ○ | ○ | ○ | ● |
| Sabine las das spannende Jugendbuch **in einem Zug** aus. | ○ | ● | ○ | ○ |

Erfrage die Umstandsbestimmungen! Wenn du nicht sicher bist, sieh auf der Hilfekarte nach! Stöpsle nun in die richtige Spalte! Erst wenn du mit der ganzen Karte fertig bist, kontrolliere deine Lösungen auf der Rückseite! Schreibe bitte den Satz, den du nicht richtig bearbeitet hast, auf den Block!

| | U. des Ortes | U. der Art und Weise | U. der Zeit | U. des Grundes |
|---|:---:|:---:|:---:|:---:|
| **An den schönsten Stränden Griechenlands** tummeln sich die meisten Urlauber. | ● | ○ | ○ | ○ |
| **Lautlos** schlich sich die Raubkatze an ihre Beute heran. | ○ | ● | ○ | ○ |
| Wir überquerten den Fluss **an einer seichten Stelle.** | ● | ○ | ○ | ○ |
| **Begeistert** nahmen wir die Einladung zur Gartenparty an. | ○ | ● | ○ | ○ |
| **Aus Unachtsamkeit** fiel ihr die wertvolle Vase aus der Hand. | ○ | ○ | ○ | ● |
| Der Freund war bereits **vor der Ankunft** meines Briefes abgereist. | ○ | ○ | ● | ○ |
| **Erst bei Sonnenaufgang** lichtete sich der Nebel. | ○ | ○ | ● | ○ |
| **Wegen Krankheit** des Hauptdarstellers musste die Vorstellung ausfallen. | ○ | ○ | ○ | ● |
| Jeder Mensch fühlt sich **in den eigenen vier Wänden** am wohlsten. | ● | ○ | ○ | ○ |
| Ohne müde zu werden tanzten sie **die ganze Nacht** durch. | ○ | ○ | ● | ○ |
| **In der Ausstellung** entdeckte ich viel Neues. | ● | ○ | ○ | ○ |